THE gold STANDARD

黄金服务

Giving Your Customers
What They Didn't Know They Wanted

[美] 科林·考伊（Colin Cowie）◎著

李文远　◎译

中国科学技术出版社
·北　京·

本书中文简体字版通过**Grand China Publishing House**（**中资出版社**）授权中国科学技术出版社在中国大陆地区出版并独家发行。未经出版者书面许可，不得以任何方式抄袭、节录或翻印本书的任何部分。

北京市版权局著作权合同登记 图字：01-2023-2950。

图书在版编目（ＣＩＰ）数据

黄金服务 / (美) 科林·考伊 (Colin Cowie) 著；李文远译. -- 北京：中国科学技术出版社, 2024.1

书名原文: The Gold Standard: Giving Your Customers What They Didn't Know They Wanted

ISBN 978-7-5236-0368-0

Ⅰ.①黄… Ⅱ.①科… ②李… Ⅲ.①市场营销学 Ⅳ.①F713.50

中国国家版本馆CIP数据核字(2023)第220875号

执行策划	黄 河 桂 林	
责任编辑	申永刚	
策划编辑	申永刚 刘颖洁	
特约编辑	郎 平	
版式设计	孟雪莹	
封面设计	东合社·安宁	
责任印制	李晓霖	

出　版	中国科学技术出版社	
发　行	中国科学技术出版社有限公司发行部	
地　址	北京市海淀区中关村南大街16号	
邮　编	100081	
发行电话	010-62173865	
传　真	010-62173081	
网　址	http://www.cspbooks.com.cn	

开　本	787mm×1092mm　1/32	
字　数	184千字	
印　张	9	
版　次	2024年1月第1版	
印　次	2024年1月第1次印刷	
印　刷	深圳市精彩印联合印务有限公司	
书　号	ISBN 978-7-5236-0368-0/F·1183	
定　价	79.80元	

（凡购买本社图书，如有缺页、倒页、脱页者，本社发行部负责调换）

THE
gold
STANDARD

关注细节、坚持不懈地专注于给客户创造一种未来数年都难以忘怀的体验，永远比单纯的价格战来得重要。

无论项目大小，我的目标都是一样的：为客户创造巅峰时刻，给他们留下难以磨灭的记忆，不仅让客户满意，更要超越他们的期望。

献　给

....

格特鲁德 · 克莱斯茨切夫斯基,

感谢你 25 年始终如一的非凡服务,

这是本书写作灵感的来源。

专业推荐

肯·布兰佳

畅销书《知道做到》《新版一分钟经理人》作者

　　科林·考伊选取的案例不仅有北达科他州麦当劳的炸薯条标准，甚至还涉及了多哈王室婚礼所采用的服务标准，全书视角独特，内容引人入胜。坦率地讲，在我读过以第一人称分析客户服务主题的书籍当中，这本书无疑是最好的。书中有很多令人难忘的实用建议，不仅读来妙趣横生，而且马上就能学以致用。

约翰·卡尔顿·托尔伯特

黑石集团房地产公司高级副总裁、启示咨询公司创始人

　　科林·考伊是黄金服务的典范。作为一名参与过全球顶尖豪华酒店、俱乐部和房地产开发项目接待服务的专业人士，科林一直在帮我改造我的团队，从而给顾客留下难忘的体验！谢谢你，科林，你拥有出色的领导力，且富有远见。

邓 斌
书享界创始人，华为公司原中国区规划咨询总监

服务的本质是为客户创造出远超预期的惊喜。这本书有三个亮点：一、作者科林·考伊是世界级体验设计师、潮流创造者，创造了众多备受瞩目的世界级活动，他把多年来亲自操刀的经典服务案例汇聚成这本书，可以说是他多年服务策划"战地笔记"；二、作者愿意把让客户尖叫的服务背后的方法论分享出来，使得读者"鱼""渔"同获，这非常难得；三、这本书的中文翻译版语言非常流畅，毫无中西方语法不同引发的隔阂感。我相信，随着第三产业占比越来越高，《黄金服务》在中国将会越来越受欢迎，诚挚向您推荐。

波琳·布朗
路威酩轩集团北美公司前主席

科林·考伊在为客户创造难忘体验方面是一位大师级的人物。对那些想要提升服务水平、增进客群关系和建立持久客户关系的人来说，《黄金服务》是必读书。

拉达·阿罗拉
瑰丽酒店总裁

越来越多的企业希望能满足客户不断变化的需求，对于想提升客户服务水平，扩大企业产品和服务受众规模的人来说，科林·考伊的《黄金服务》比以往任何时候都来得及时。

杰基·西蒙和大卫·西蒙

西蒙地产集团（全美最大的商业地产运营商）**董事长和首席执行官**

科林·考伊在这本妙趣横生、引人入胜的书中，分享了提供黄金服务的秘诀。读者可以学习到如何挖掘客户的潜意识需求，并给予他们惊喜，这才是主动服务的最高境界。

艾伦·富尔斯特曼

蒙太奇国际公司（世界顶级酒店品牌）**创始人、董事长兼首席执行官**

这是一本能够提升执行力并且金句频出的好书。经验是最好的老师，科林·考伊在《黄金服务》中分享了许多独到的见解，对那些渴望为客户提供至臻服务的人士来说，这绝对是一部值得一读的著作。

苏珊·戴尔

MSD 资本（戴尔科技集团家族投资办公室）**合伙人**

科林·考伊的服务能为客户带来难忘的体验，对于卓越的不懈追求使他在客服行业脱颖而出。遵循他在《黄金服务》中的建议，你就能给客户留下深刻印象，并让他们成为回头客。

让·乔治·冯格里奇顿

世界顶级名厨之一、全球多家米其林星级餐厅所有者

黄金服务在客户走进大门之前就已经开始了。它需要创造性、计划性和条理性，每一步都要经过仔细思考，确保客户能够感受并享受你提供的服务。黄金服务是一种流畅的、无与伦比的体验，会让客户想一遍遍地重复体验这种服务。在本书中，科林·考伊会告诉你如何才能创造出属于你自己的黄金服务。

埃里克·里佩尔

伯纳丁餐厅（世界顶级餐厅之一）联合创始人兼执行主厨

我之所以喜欢酒店管理这个行业，是因为它让我感觉自己有机会与全世界的人共进晚餐。日复一日、年复一年地为顾客提供超越他们期望的服务，让我感到异常兴奋！如果你的目标也是提供卓越的服务，那么，你从这本书中收获到的将超乎你的预期。我要给每一位同事赠送一本《黄金服务》！

赖安·西克雷斯特

荣获艾美奖的电视节目主持人兼制片人

今天我们所面对的现实就是：无论你从事何种职业，归根结底都离不开服务。如果你正在寻找一种方法让别人对你所做的事情做出最积极的反应，那就买一本《黄金服务》吧。科林·考伊的故事和切实可行的建议能够帮助你消除成功道路上那些无形的阻碍。

拥抱未来，你有力量渡过任何难关

20世纪80年代中期，我从南非来到美国洛杉矶，除了一套剪裁得还算精良的西装和一身晒得黝黑的皮肤之外，几乎身无分文。当时我完全没有预料到自己的人生将是如此多姿多彩和意义非凡。那时我心怀远大梦想，认为只要下定决心，任何想法都能成为现实。

在我的职业生涯中，我策划过精彩的派对，与世界名流、王室成员和业界巨擘合作过；我写过书；我设计过餐具、家具和礼品；我上过美国电视网的早间节目，教观众如何优雅生活，如何玩得与众不同；为了帮我的客户找到最佳生活体验、接受顶级服务、拥有完美产品，我在全球各地的旅行距离已达到了2 400万千米。

我最终实现了自己的美国梦，但过程并非一帆风顺。我经受了很多考验，而每一次难关，都使我变得更加强大。我从中也学会了：失败、逆境和弱点都是学习的好机会，能够让我成为更好的自己。我的团队需要我，所以我不允许自己失败。无论遇到什么困难，我总能找到扭转局面的方法。

那时候，任何人都没能预见新冠疫情会对世界带来如此巨大的影响。2020年2月22日，我和丹尼·佩斯科维奇在南非结婚了，我们根本不知道到这场婚礼会是整个世界按下暂停键之前的最后一次狂欢。回到纽约后，我们被隔离了一段时间。到了3月初，我还很乐观地告诉我的员工：新冠疫情来得快，去得也快。但不久，我就意识到这话说早了。过去，每当遇到挑战时，我总能迎难而上，但新冠疫情带给我的挑战是前所未有的。

多年来，我一直致力于研究酒店业市场营销。疫情给了我大把时间，来想清楚如何把我的研究成果呈现出来。

尽管我仍在努力维持我的活动策划公司和制作公司，但我发现，公司2020年的营收要推迟到2021年和2022年才能实现。所以，我把团队所有人聚在一起，集思广益。六周后，我成立了一家新公司：兴盛接待服务公司（Thrive Hospitality）。又过了六周，我在迈阿密租了一间办公室，这是我们的新家。我担任新公司的创意总监，并与一家豪华海滩度假酒店签下了第一份合同。

和很多人一样，我也学到了人生宝贵的一课：在波及全球的灾难性疫情中，我们的价值观改变了！有些看上去重要的事情变得不再重要了。在新冠疫情暴发之前，几乎每个行业都出现了"内卷"。而疫情开始后，很多企业不堪重负，纷纷关门歇业，另一些企业则学会了如何更高效地运营，并想方设法降低开支、提高利润。

我对风险缺乏前瞻性，没有提前采取开源节流措施，如今想来颇为遗憾。眼下，我们必须采取更加积极主动的客户服务方式才能更好地为成功做好准备。这正是我写这本书的原因。

我很想把自己所得到的分享给更多人。我一直在慈善平台为儿童教育提供资助，也从资助过程中得到了极大的快乐和满足感。我相信，慷慨总会有回报。付出的越多，得到的就越多。分享得越多，我用于分享的平台就越大。

喧嚣的世界让我们习惯了追逐一个又一个目标，却忘记了应该花点时间去反思和感恩。反思我们是否可以把事情做得更好；感恩那些曾经与我们共事或者帮助过我们的人。

面对疫情，总是有人在问："我们什么时候才能恢复原来的生活？"我想说：我们回不去了。放下过去，面对未来。一切都变了！我们要学会接受新的工作方式，开始以不同于以往的方式做事情。不必回头，要学会向前看，唯有如此，我们才能到达胜利的彼岸。

保持好奇心，用戏剧感引领潮流
创造令人难以忘怀的世界级体验

我在赞比亚一座叫基特韦的小镇长大。我记得镇上只有一家电影院、一间不受顾客欢迎的旅馆，还有一家乡村俱乐部。但我的童年却过得非常精彩，这要归功于我的家人，他们以仁爱之心对待他人，懂得如何充分利用每一次机会款待客人。

南非人都非常好客。来我们家做客的人都会感受到主人的热情。亲切体贴的东道主不一定能给顾客留下深刻的印象，很多人为了给顾客留下深刻印象，提供一些花里胡哨的东西。

这是一种很简单的办法。而我一直认为，招待顾客最好的方式是让他们感到舒适和愉悦。

这两种感受至关重要，它们可以在你和客人之间建立非常重要的情感联系。这是我招待朋友的方式，也是我经商的核心和精髓，即与客户建立经久不衰的联系。

当你试图给别人留下深刻印象时，常常会事与愿违。你举办的活动或许在形式上绚丽多彩，但如果它没有核心精神，就无法让你和你周围的人产生舒适的感觉。科林·考伊时尚生活公司（Colin Cowie Lifestyle）的员工在筹划任何一项活动时，考虑最多的就是客户的感受。

曾经讨厌的规矩，却成为我脱颖而出的关键

我父亲从事采矿业，我母亲是全职妈妈。我还有一个哥哥和两个姐姐。我的家人经常在家里招待客人，我们也经常到朋友家里做客。在我 6 岁时，我们全家搬到了南非。尽管我们的生活变得丰富多彩，但我们的生活方式并没有发生太大变化。

在成长过程中，父母教会我们一个简单的道理：人生是由我们身边的人以及彼此间的互动方式构成的。

我不仅懂得如何享受别人的服务，也知道如何为别人提供服务。我认定自己天生就具有给别人带来欢乐的能力，所以，我从未离开过服务领域，并从中收获了很多乐趣。

小时候，每到节日我就会帮父母布置桌子、点蜡烛、装饰圣诞树。那时，我总喜欢把家具挪来挪去，给生活带来一些新鲜感。父亲对

此却难以忍受，他说要用油漆在家具周围的地上画上框，这样我就不能再反复挪动它们了。

父母对我们非常严格，父亲尤其如此。和父母同桌吃饭时，我们总是被要求要举止得体。8岁时我就知道该如何正确地布置和清理餐桌，即使要为多人摆放吃不同食物所用的刀、叉、勺子，我也知道它们的摆放顺序。

父亲曾用两块餐布绕过我的肩膀，把我绑在椅子背上，确保我在吃饭时能正襟危坐。如果这个方法还不起作用，他就会要求我站着吃饭。我很快就从中吸取了教训。

直到今天，我吃饭时都会坐得笔直。我们都会按照标准的欧式就餐礼仪左手握叉，右边握刀，而不是经常左右换手；我们会用刀把食物切成小块再吃，这样一来，我们的餐盘看上去就不会太狼藉；我们还学会了吃饭和喝水时不发出声音。

在家里，我们必须整理好床铺，保持房间整洁，如果有女士或长者进入我们的房间时，我们必须站起来。直到今天，每当有女士走进办公室或会议室时，我总是房间里唯一一个会站起来的人。这种习惯在我心中根深蒂固，成了一种本能。

父母要求我们和别人说话时必须温和地看着对方的眼睛，与对方握手要自信而有力，向他人介绍自己要真诚。

在我们家，父母惩罚我们的方式就是做家务。我们会被要求连续一个星期清洁自行车，刷洗学校发的鞋子，缝补破衣服，或者帮助家里的勤杂工干活。现在回想起来，我才发现这些经历的价值。我们都学会了做饭、做家务，我们都自信乐观，深受朋友喜欢。

小时候，我很讨厌这些规矩，但现在我非常感激父母，因为无论我在哪里，我体贴、得体的表现都能给别人留下非常好的第一印象，而这正是我使自己脱颖而出的一种方式。

我能把每个走进"日落酒吧"的人都变成朋友

我 16 岁中学毕业后就应征入伍，加入了南非的军队。19 岁作为一名卫生管理员，我被派往纳米比亚的奥沙卡蒂战区，那里毗邻安哥拉。当时，我负责整个医务室的工作，另有一名医生和两个工作人员协助我。我一丝不苟地管理着医务室，每一件事都做得井然有序、有条不紊。

当时，最近的地方医院在距离军队医务室 65 千米以外，所以我们要处理的情况包括紧急疏散伤员、帮助当地妇女分娩，以及治疗前线受伤士兵等，可以说什么情况我都处理过。

我的工作还包括检查厨房的卫生状况。我和厨房的工作人员也因此成了朋友，每当我在医务室后面举办野餐烧烤和举办派对时，他们会送给我大块的牛排。这些美食和派对让我很受大家的欢迎。

我和战区指挥官的关系也很好，他曾是津巴布韦军队的少校。为了丰富士兵们的业余生活，我向他建议开一间军官酒吧。他居然同意了！于是我立刻买来了帐篷、搅拌机、一台带外置扬声器的卡带播放机以及开店所需的其他东西。

我用黄麻纤维布装饰帐篷，并用木炭在帐篷壁上画上日落。我还用多余的配件做了一个喷泉，把它放在帐篷前面，于是我们就叫它"日落酒吧"。每天，我为军官们提供饮料和零食。我还买了一只带龙头的酒桶，用来供应当天的鸡尾酒。后来我从中获得灵感，在家庭电视购物网上卖出了 15 万只这样的酒桶。

我与每一位走进帐篷酒吧的士兵、军官建立情感联系，让他们受到热情款待，享受宾至如归的感觉。他们变成了我的朋友，而不仅仅是完成了一笔交易。那是我接待服务行业职业生涯的真正开端。

21 岁我退役后，来到南非约翰内斯堡郊区一处占地 1 000 平方米的美丽庄园，开始经营一间私人健康水疗中心和会议中心。我们举办各种盛大的活动，从圣诞派对到企业拓展培训。

有时候，我们会同时举办四场活动，每一场都有数百名顾客参加，我们忙得不可开交。我殷切地期待顾客的到来，尽全力确保他们的房间舒适整洁，我们会播放优美的背景音乐、选用视觉柔和的灯光和窗帘、在冰桶里放满冰块。

所有事情我都要做，包括临时顶替服务生站在吧台后面为顾客提供酒水、添加自助餐的食物、接电话、给员工付工资。有一天大雨过后，部分道路被雨水冲垮，我就跟大家一起搬运泥土，确保当天晚些时候的活动能正常举办。

在我们那里，员工的薪水都是周五支付的，但有时候，我会每周只给一半员工发工资，下一周再给另一半员工发，因为他们拿到工资后就会喝得酩酊大醉，第二天来找我请病假。我厌倦了当光杆司令的感觉，交替发工资的做法至少可以确保团队的一半员工能正常出勤。

走出非洲，成为世界名流的首选活动策划人

我在南非长大，23岁那年，我再也无法忍受当时的种族隔离政策了。我看不到自己的未来，我觉得是时候采取行动，为改变我的人生做些什么了。

1985年，我拿到旅游签证，登上了飞往洛杉矶的航班。那时，除了远大的梦想外，我只有一套剪裁精良的西装、晒得黝黑的皮肤、格格不入的异国口音和口袋里的400美元。

我曾想在娱乐圈闯荡一番，但很快我就意识到，我对人更感兴趣，而不是表演。虽然我不知道自己到底想做什么，但我决定利用在军队服役时开酒吧的经验，经营水疗中心或会议中心，从而开启我的接待服务生意。

我先在一家叫"简森快餐店"的小型餐饮公司工作。当过服务员，干过后厨，还做过酒保。三个月后，我认识了一些租赁餐具、帐篷和家具的公司，还认识了当地最好的花商。我知道到哪里可以招聘到服务员，也知道如何做饭。有了这些渠道和越来越多的联系人信

息之后，我知道自己在洛杉矶创业的时机成熟了。

我白手起家，从独自一人操办 8 到 16 人的小型聚会开始了我的创业历程。一大早起床，我会先去花卉市场、杂货店和鱼市等采购物品，然后再设计派对流程和餐桌的摆设并亲自做菜、招待顾客用餐，派对结束后我还要打扫卫生。

我给自己的公司起名叫"科林·考伊时尚生活公司"。举办了一个接一个的小派对之后，公司开始承接更大规模的派对了。好运总是眷顾努力的人，我遇到了一些敢于冒险的合作伙伴，他们愿意给我这个年轻的创业者机会，与我一起建立接待服务业的新标准。我给这个行业起了个新名字，叫作"接待娱乐业"。

我曾受拉里·特曼夫妇邀请，参加他们家里举行的午宴。拉里·特曼是电影《毕业生》（*The Graduate*）的制片人。我和一位名叫阿德里安娜·帕西菲奇的女厨师一起承办了这场宴席，她来自罗马，是个非常了不起的女人。后来，她成为我的好朋友和合作伙伴，而她的人脉关系也给我带来了不少客户。

不久后，我又通过洛杉矶的传奇制片人之一杰瑞·佩伦奇奥找到了一份工作。通过他，我认识了好莱坞巨星布鲁斯·威利斯，他来洛杉矶是为了参加一档名为《第二职业》（*Moonlighting*）的节目。

我承办了他在当地的第一次派对，并把派对的地点设在马里布的卡本海滩，因为我觉得洛杉矶的海滩充满了魅力。我们在海滩上生了一堆篝火，我聘请了一些强壮英俊的男生和年轻漂亮的女生为派对服务，他们身着白色短裤和白色背心，显得活力四射。

活动当天来了很多名人，包括史泰龙和芭芭拉·史翠珊。布鲁斯很高兴，他很欣赏我这种令人耳目一新的工作方式，以及我倾尽全力为顾客创造一流体验的工作态度。后来，我又为布鲁斯承办了无数次派对。

在活动中加入戏剧感，是时候玩点新花样了

在我来美国之前，派对策划和活动策划都是美国家庭主妇或社交秘书的工作，男人很少参与其中。她们要亲自写邀请函、安排座位、布置鲜花，并与宴会承办商、乐队和租赁公司打交道，工作量很大。

那时候，邀请函只有一种风格，租用桌布的时候，只能租到聚酯纤维材质的，椅子只有白色的折叠椅，瓷器有三种，都是白色的，既普通又便宜，偶尔能租到镶银边或金边的瓷器。那时的派对没有特制的道具，没有专门设计的餐具，更没有脚本和精心策划的活动流程，也没人关心顾客是否获得了最佳体验。

我喜欢创新。我改变了竞争的环境，为千篇一律、无聊、模式化的活动增加了戏剧和表演的元素。我创造了一种用户体验，能给客户带去长时间美好的回忆。

我会从细节开始设计一项活动，让各个环节相互配合，比如，邀请函的颜色与鲜花和布景的颜色相呼应，使用特别定制的亚麻

桌布、餐垫和餐巾纸。我还会选用带流苏和穗子的盖布，做了很多当时其他人没有做过的事情。

我学会了如何一次性为多位顾客提供食物。因为，同时为 4 位顾客做羊排和为 40 位甚至 400 位顾客做羊排是截然不同的两件事情。我承办过一个超过 2 000 人的活动，为此搭建了 10 间独立的厨房，配备了 10 支烹饪团队，每间厨房可以服务 250 位顾客，确保每位顾客都能在宴会开始时得到热腾腾的食物。

不久前，我在卡塔尔承接了一个有 2 000 位顾客的宴会，当地最重头的一道菜是：炖骆驼羔。我得想办法把整只骆驼煮熟，然后用一辆精致的银色小推车给 4 桌顾客上菜。

这可真是一项不小的挑战。

刚开始的时候，烹饪对我来说是一件既劳心又费力的工作，光是鱼子酱就有 20 种不同的吃法。于是，我走遍世界各地，其间产生了许多灵感，回来后再将灵感转化为顾客餐桌上的美味佳肴，比如，我会把炒好的鸡蛋放在蛋壳里，表面铺上鱼子酱，还会把鱼子酱夹在薄饼里，再用韭黄把薄饼绑起来做成"叫花蛋包"，还曾用鸡肝慕斯做馅，制成手工馄饨。

我非常关注法国烹饪大师们烹制的新式菜肴，所以我制订旅行计划，尽可能多地去参观他们的餐馆，品尝他们菜谱上的每道菜，想方设法把新的创意带回家。

随着时代的变化以及顾客口味的变化，我也在与时俱进。现在，我们会采用一些较为简单的烹饪方法：寻找最好的烹饪原料，尽可能保留食材原有的味道。

我喜欢用"外部创意伙伴"这个称谓代替供应商。当与外部创意伙伴合作时，我就得确保所有人都目标一致，这样才能齐心协力把事情做好。

我为包括乐手、宴会承办商、摄影师和花商在内的每一位合作伙伴制定规章制度，这些规章制度和要求都会明确地写在合同中。例如工作人员应该何时抵达现场、何时离开、衣着要求、在哪里吃饭、如何支付加班费等细节。如果我希望活动期间始终播放背景音乐，我就会要求乐队安排好乐手的休息时间，或者通过播放提前录制好的音乐，确保乐手不在时音乐不会停。

我会提前通过演示文稿，让客户了解活动的设计流程和餐桌的摆设，还会提前邀请客户来试菜，这样他们就知道自己把钱花在了什么地方，而通过收集反馈，我也把活动安排得更详尽、更精彩了。

我还经常做一些极不寻常的事情，比如，用玻璃板盖住整个游泳池，把它变成透明的舞池、在地面上铺设不同颜色的地毯、用数千米的丝绸装饰户外大型帐篷的棚顶、用裹了糖霜的水果拼制成不同的造型，作为自助餐的甜点、找来技师为顾客现场制作手卷雪茄烟等。以前从未有人做过类似的事情，所以，我很快就从竞争对手中脱颖而出，将这个行业带入了一个完全不同的领域。

如今，我在这个行业内仍以注重细节和具有戏剧感闻名。我喜欢用光影来为宴会营造有意境的视觉效果。在一次婚礼上，新娘穿的是一件非常引人瞩目的黑色复古婚纱。我们就在教堂的神坛上摆满了蜡烛，还在几个圣洗池里点上漂浮的蜡烛。当新娘踏上红毯走向即将成为她终身伴侣的丈夫时，她每走一步，我和我的灯光效果总监就会用一束光投射在她身上，我们共同打造了一场场面美得令人窒息的、史诗般的红毯仪式！

我们还承办过一场生日派对。宴会是在一座酒窖里举行的。我们在酒窖里安置了一张大玻璃桌，还搭建了一间功能齐全的厨房。宴会的亮点是，我们为每位顾客都配备了一名专属服务人员。顾客们落座后，50名服务人员鱼贯进入酒窖，同时为所有的顾客上第一道菜。接下来的七道菜，他们重复着同样的表演。

对宾客们来说，这顿晚餐无疑是他们人生中一次难以忘怀的美食体验，完全超出了他们的期望。为了这场派对，我和我的员工在三天之内进行了几十个小时的反复排练。事实证明，我们付出的时间和努力都是值得的！

我对一切都充满了好奇，所以，每次旅行我都热衷于探索不同的文化，把旅行中发现的新想法，与众不同的服务方式，甚至是花色独特的布料带回来。

由于客户的要求各不相同，因此每一次活动都是全新的经历。这些聚会和派对要展现他们各自的品位、个性和喜好，是独一无二的、极具个性的。

我曾在一场墨西哥风味的晚宴上，用金色的马克笔把顾客的名字写在红辣椒上，作为宴席的名牌。洛杉矶有很多服装租赁公司、背景设计公司以及为电影公司服务的道具公司，可以为你找到任何你想要的物品。我感觉自己以前就是个只会用脚画素描的小画师，可突然间我发现自己不仅可以用双手拿画笔进行艺术创作，还拥有数不清的颜料。

我承办的第一场盛大婚礼的新郎是泰德·菲尔德，他是马歇尔·菲尔德百货公司的继承人。我设计了一顶精致、硕大的帐篷，帐篷的内部用数千米做出精美褶皱的白色布料做内饰，桌上铺着带流苏的绸缎桌布，桌布上覆盖着锦缎的桌旗。这样的设计使婚礼现场显得非常的富丽堂皇。

这里是好莱坞，我可以利用电影公司的很多资源，所以，我去了一家道具服装租赁公司，为服务员租了带金色纽扣的白色制服。我用了三万朵白玫瑰制成餐桌的装饰花，这在当时可是一个相当可观的数量。那次活动以后，我又在另一次活动上使用了一百万朵鲜花。

真正让我进入公众视野的是 1989 年我为《花花公子》杂志创刊人休·海夫纳与第二任妻子金伯利·康拉德策划的婚礼。这场隆重的婚礼在花花公子庄园举行。主人想在花园里安排自助餐，要求宾客必须穿晚礼服出席。为此，我不仅要对这座豪宅的花园进行扩建，还要解决晚礼服和自助餐完全不搭调的问题，所以我必须发挥自己的创造力。

试想，宾客们穿着燕尾服、晚礼服和高跟鞋，排队等待取食物，这场面绝对毫无优雅可言。为此，我把菜品分成了四道主菜，然后围绕这四道主菜搭建起四个相同的自助就餐区，如今我把这些就餐区称为"美食驿站"。

首先，我们上的是一道搭配鱼子酱的主菜，接着是烤肉和蔬菜，然后是一道奢华的奶酪拼盘，最后是各种美味的维也纳甜点。一道瀑布般的帷幕挡住了自助餐台，随着小号手开始演奏，帷幕升起，所有菜品展现在宾客面前，供他们品尝，然后帷幕落下，服务员可以在帷幕后重新添加食物。

自助餐台的装饰物和服务员的着装会随着每道菜的变化而改变，这更增添了菜肴的吸引力。对正装晚宴来说，这样的菜肴展示方式毫不违和，再恰当不过了。

这场宴会轰动了整个好莱坞。人们都想来参加科林·考伊举办的活动，我策划的活动也越来越精致、越来越有趣，规模越来越大。我们举办过摩洛哥主题派对、西部乡村主题派对、20世纪70年代的迪斯科和宝莱坞主题派对。

我策划的活动成了有趣、疯狂、时髦和与众不同的代名词。我也因此成为好莱坞最顶尖的派对策划师。这时单枪匹马去完成所有工作已经不可能了，于是我找了一间合适的办公室，聘请了工作人员、助理和策划人，开始了我的团队创业之旅。

我的事业开始大步前行。不久，我就接到了《造型》杂志社的主编打来的电话，这个杂志社刚成立不久，对方问我想不想担任杂志社的特约编辑，还"顺便"问我能否把我的名人客户介绍给他们。于是，我开始为他们写一些有趣的文章，而我的客户也出现在了杂志的封面上。

我还承办了他们的奥斯卡主题派对和著名慈善家埃尔顿·约翰在奥斯卡颁奖典礼上为艾滋病基金会筹款的活动。《奥普拉脱口秀》的一位制片人参加了其中一项活动，后来奥普拉打电话给我，邀请我去参加她的节目。

奥普拉说：我信任的人不多，但完全信任你

我非常尊重奥普拉，但我完全没有预料到，她会对我的品牌产生如此重大的影响。上了她的节目后，我真正成了家喻户晓的人物。当我穿梭于西班牙马德里、南非开普敦或中国香港的机场时，人们总会认出我。

奥普拉曾在一档时长为 1 小时的特别节目中，向观众介绍我是如何承办那些奢华活动的，而在另一档节目中，她还介绍了我所承办过的梦幻婚礼。她给了我合作机会，让我和她一起参加一些具有历史意义的盛事，比如 2014 年的"传奇先辈致敬会"。这次盛会旨在表彰来自艺术、娱乐和民权运动领域的 25 名非裔美国女性，能与这么多杰出的人在一起，是我从未有过的体验。

我也很荣幸，能在贝莱尔酒店承办奥普拉的生日会，那天晚上，蒙特西托上演了一场非常盛大的晚会，著名歌手史提夫·汪达带来了精彩的表演。我还在著名作曲家昆西·琼斯家中为 79 岁的奥斯卡影帝西德尼·波蒂埃举办了庆生会，我们把这场生日派对称为"吾爱西德尼"，曾经为电影《吾爱吾师》（*To Sir, with Love*）唱主题曲的露露在派对上又演唱了这首歌。

我们还在奥普拉位于蒙特西托的家中为她举办福音早午餐会、读书派对和奥斯卡主题派对，还在芝加哥举办了一场庆祝她充满传奇色彩的脱口秀电视节目落下帷幕的派对。奥普拉对我说："我信任的人不多，但完全信任你。"对我而言，这是至高无上的评价。

人们之所以把我视为首映式和豪华派对的首选策划者之一，正是因为我给奥普拉提供过服务，并得到认可。在有生之年，我都会对奥普拉心怀感激。

我的使命是以超预期体验，让人们梦想成真！

1996 年，我的第一本书《科林·考伊教你学会优雅》（*Effortless Elegance with Colin Cowie*）出版了。波道夫·古德曼百货公司为我的新书举办了一场全明星读书派对。我还前往芝加哥，在《奥普拉脱口秀》节目上推广了这本书，然后又参加了美国各地的早间电视节目，并在梅西百货、诺德斯特龙连锁百货和布鲁明戴尔百货公司做了签售。蓝纳克斯公司还找到我，想设计与这本书同名的瓷器、水晶、银饰和家庭日用纺织品。

我厌倦了好莱坞，更厌倦了那些认为我应该免费为他们工作的名人。我对事物永远怀有好奇心，这是我的天性，我需要新的挑战，所以我想："也许是时候去纽约了。"

1997 年我离开洛杉矶去了纽约。

到纽约后，我就开始承接更大的项目。有些客户看过我为奥普拉举办的精彩派对，就打电话来找我。于是，我开始承接大型企业活动。我策划了位于巴哈马群岛的亚特兰蒂斯皇家酒店的开业典礼，还承接一些中东的项目，频繁到卡塔尔、迪拜和沙特阿拉伯等地出差。

我的客户会花 2 000 万到 2 500 万美元举办极度奢华的王室婚礼和活动，但无论项目大小，我的目标都是：顺利完成项目，超越客户的预期，帮助人们梦想成真。

我向来不会完全迎合客户的想法。我要让我的客户呈现出他们自己最好的一面。

我有一位客户，她不想按惯例为顾客们安排座席，她想让顾客自己找桌子落座，因为她担心有人不喜欢她安排好的座位。

我对她说："苏珊，在 100 名顾客当中，可能有两个人会对你的做法感到失望，但另外 98 个人会喜欢你的做法，因为你能让他们自得其乐。所以，还是省点精力吧，不必花费大量的时间去安排座位。"派对结束后，她第一个跑来找我，说我的观点是正确的。

远离浮躁的消费文化，注重细节，追求极致

过去，我总能承接到最好的项目，那时我认为这种状况会永远持续下去。即使在 20 世纪 80 年代末的经济危机和 21 世纪初的"9·11"事件的影响下，商业也还是能在不同程度上触底反弹。但是，当 2008 年金融危机爆发时，世界已经发生了根本性的改变，商业不复当时的面貌。

对我来说，最明显的是广告方式发生了变化。以前客户花在报纸、电视和杂志上的广告预算现在有一部分流入了网站、网页横幅广告和社交媒体。互联网野蛮生长，极具颠覆性。

如今，花商、乐手和酒席承办商都有了自己的网站，任何人只要点击鼠标，就可以联系到他们，婚礼、宴会策划公司被取而代之。随着人人都使用互联网，世界变得扁平化，人们可以直接从网上购买任何他们想要的商品。

一夜之间，活动策划行业也仿佛成了一个不受监管、没有壁垒的行业。我要面对的不再是四五个竞争对手，而是市场上突然出现的上万名活动和婚礼策划师，他们几乎没有从业经验，收取的费用仅仅是我的一半。

如今，我不仅仅要跟顶级的接待服务业同行竞争，还要跟马路那头某个名叫苏西的策划师竞争。也许她刚出道，办公室就是家里餐桌上的笔记本电脑。她有一个设计精美的网站，那些漂亮的图片，

有不少是她从其他网站下载下来的，有时候还会从我的网站盗图！

我从未经历过如此激烈的竞争，到处充斥着产品和服务，人们极其渴望有活儿干，于是他们想方设法赠送产品、降低价格来获得机会。我知道，我的报价没有太大竞争力，我必须找到更好的方法，将自己与其他活动和婚礼策划师区分开来。现在，我要做的事情就是把自己与浮躁的消费文化区分开来，这项工作比以往任何时候都来得重要和迫切。

我没读过大学，没学过企业管理，我通过自学和不断地试错，积累了做生意的经验。创造一种追求卓越的企业文化是我一直为之努力的，无论我手下只有 1 名员工，还是有 55 名员工，无论我是保险公司的首席执行官还是加油站的老板，我都不会改变初衷。

我所学到的经验可以应用于任何规模的公司，并且适用于任何行业，就算你只是个私房菜厨师，坚持追求卓越，也能让你从中受益。虽然我所从事的是服务行业，但我们每个人不是都有要为之服务的客户吗？

我一直喜欢引领潮流。对我来说，眼下最大的挑战在于既要规划未来，又要继续关注当下。我的活动策划公司通常每年接五六个项目，这些项目的时间节点是互相衔接的。如今，新冠疫情极大地改变了活动策划行业，但机会总是有的。只是我也不得不再次改变自己的工作方式，以适应这个新的世界。

我从小的家教和从军的经历让我懂得了一个道理：无论前途多

么黑暗，也要努力寻找光明。在过去的职业生涯中，我始终保持这样的信念。它教会我如何处理自己所承接的每一个项目。

关注细节、坚持不懈地专注于给客户创造一种未来数年都难以忘怀的体验，永远比单纯的价格战来得重要。无论项目大小，我的目标都是一样的：为客户创造巅峰时刻，给他们留下难以磨灭的记忆，不仅让客户满意，更要超越他们的期望。

CONTENTS 目 录

THE gold STANDARD

第 1 章

THE gold STANDARD

Grabbing Attention in a Saturated Market

主动出击, 在饱和市场中吸引注意力!

现如今，消费者的生活中充斥着各种各样的选择机会。在买方市场行情下，你必须主动识别和满足客户的需求，而不是让客户来适应你所提供的产品和服务。

比如，城里的美甲店远不止一家，而是有 15 家；外卖配送服务企业也不止两家，而是有 10 家。面对这样的竞争，不主动出击就没有生机。纽约市一张黄色出租车运营牌照的价格曾高达 100 多万美元，现在的价格却降到了 12 万到 15 万美元之间，为什么？因为重视客户体验的行业颠覆者来福车和优步加入了竞争行列。客户有了更多的选择机会，而你希望他们只购买你的产品或接受你的服务。

消费者不仅可以选择理发店、家用电器、牛仔裤，还可以选择获取这些商品和服务的方式。比如，我非常喜欢某个品牌的牛仔裤，当我想买裤子的时候，既可以去这个品牌的实体店或者诺德斯特龙连锁百货店购买，也可以在亚马逊或其他购物网站下单。如果你想上网订某家酒店的客房，除了这家酒店的官方网站以外，你发现还有 9 个相互竞争的网站提供相同的房间，且折扣力度很大，于是主动权就掌握在你手里了。

如果你的目标客户在挑选产品或服务时，没兴趣花费太多时间、精力来仔细查看每一个选项。那么，你该如何让你的目标客户能够选择并持续关注你呢？

1. **你必须有符合客户需求的产品。** 史蒂夫·乔布斯在谈到苹果公司的产品时曾说过：企业必须以用户体验为基础，用现有技术将用户体验做到极致。如果你没有客户想要的东西，那任何营销手段都无法说服他们掏钱购买产品。

2. **产品必须有精致的包装。** "精致"并不意味着巴洛克风格，或者金光闪闪，不妨参照一下苹果公司、特斯拉和搜诺思音响的设计美学。

3. **企业必须以用户体验为重。**

通过你的竞争对手，洞察你所在的市场

在这个阶段，你要做深入的市场调研：

1. 识别当前市场中类似产品或服务的其他提供方，并评估

它们的竞争力、市场份额和定位策略；

2. 大大方方地购买竞争对手的产品，仔细研究、学习；

3. 看看竞争品牌与你的产品或服务有何不同：它更具创意吗？功能更丰富吗？他们的网站设计得更好吗？产品定价在什么水平？他们实行怎样的产品交付和退货政策？退款问题如何处理？

了解上述信息之后，你就会知道应该如何有的放矢地击败对手。怎样明确竞争对手所提供商品或服务的确切价格？看看他们给客户什么赠品或者提供了什么样的优惠措施。你不必花大价钱去请咨询公司来做调研，只需要在能力范围之内在竞争对手那里下个订单或做个预约即可。

想了解竞争对手的用户体验吗？那就使用他们的产品和服务，然后看看你的产品或服务是不是比他们的更好。如果不是，两者之间的区别在哪里？你能识别出不同细分市场的受众群体并找到接触他们的方法吗？

我们以护肤品为例。你只要走进丝芙兰的专卖店，就能看到保湿霜这类基础护肤产品是如何搭配和摆放的。他们会按照不同肌肤问题，比如，油性肌肤、干性肌肤、衰老肌肤、敏感肌肤。按照不同年龄人群，比如，青少年、成人、中老年人。按照价位，比如，采用简单塑料包装的廉价产品和采用精美包装的高端产品的差异来搭配、摆放。

按理说男装纽扣衬衫就应该是一本正经的样子，对吧？但 UNTUCKit 公司的创始人可不这样认为，他不喜欢把衬衫掖进裤子里，更不喜欢衬衫不掖进裤子时又肥又大难看的样子，于是他重新设计了传统纽扣衬衫的比例，让它在不塞进裤腰的时候也很好看。

这些鲜活的例子让我意识到，科林·考伊时尚生活公司的业务正在大幅度缩水，是因为人们认为我们只服务那些愿意为了举办一次活动而花费 100 万美元或更多钱的客户。他们认为我们公司只服务超级富豪和名人。结果，我们没能抓住这些大好的机会和由此带来的收益。

潜在客户认为我们是"高端服务"，为了消除这种观念，我们打造了全新的品牌架构，把公司分成 3 个不同部门，每个部门负责销售一种特定版本的科林·考伊服务。

最高端的品牌是"科林·考伊臻白"（Colin Cowie White），"臻白"系列为客户提供高级定制的独特体验。如果客户关注的是独特、惊艳、印象深刻而不是钱，"臻白"就是不二的选择。因为，届时婚礼上的所有元素都将是独一无二的，任何东西都会比普通婚礼所用的更美、更好、更精致。

"科林定制服务"（Signature Colin）是我们的中端产品。我会亲自参加与客户沟通的电话会议，与客户指定的团队合作，达成并超越客户的要求。

"考伊团队服务"（Team Cowie），是近几年我们公司成长最快的部门，客户能以较低的价格享受到我们的品质服务。我要求活动必须有创意，好在我的团队成员大都与我共事多年，经过我不断地培养，完全有能力做到让客户放心、满意。

这是发生在我身边的市场研究经典案例。我们研究竞争对手在做什么以及我们失去了什么，并利用所有这些信息来提升我们的市场份额。现在，可供消费者选择的产品其增长速度远快于消费者人数的增长速度。

在一个拥挤的市场上，如果你无法获得潜在客户的注意，就不得不接受市场份额缩水。你的竞争对手正在压低价格，用低价产品、廉价服务或体验来击败你。

为了把自己与竞争对手区分开来并赢得市场份额，最有效的方法就是关注那些无形的东西，比如客户与员工之间的关系。这正是我所说的"黄金服务"，即卓越的客户服务。

为了吸引客户的注意力，我采用的是 360 度客户视图法，这是一种客户关系管理方式。

现在你要问自己：

◎ 从更宏观的角度来看，我的企业和我提供的产品或服务怎样才能融入我所在的行业？

◎ 你要做哪些事，提供怎样的产品，才能不断地引领潮流？

◎ 你要怎样做，才能让你的产品和客户服务比其他人更好？

我每天都在问自己这些问题。解决这些问题需要仔细推敲你的团队成员与潜在客户建立联系时的每一个接触点。

THE gold STANDARD

> 黄金服务的公式不是 1 + 1 = 2，
> 而是 1 + 1 = 3、4、5……

‹ ‹ ‹

多年来，我学会了一件事，那就是确保我的团队到达活动现场之前仔细检查好每一个细节。我自豪地向客户保证，所有细节都在我们计划之中，能够确保设备顺利安装，活动如期举行，而且能够处理任何突发状况，是我们的承诺。与我们签约，就意味着客户可以安心地享受我们为其提供的服务。

增加曝光度，客户看不到你怎么选择你？

在视觉经济的大环境下，要想得到客户的关注，得先让他们能够找到你。所以，进入市场的第一步就是创建网站。

人是一种非常容易受视觉驱动的物种，客户与你公司的第一次相遇很可能就是通过网络搜索和浏览你的公司网站。如果有人向我推荐一款有趣的产品，我的第一反应肯定是向他要网址。

如果你有设计一流的网站，绝对炫酷的产品，但是你的网址没有经过搜索引擎优化（SEO），也没有使用长尾关键词，你的公司名称就不会出现在搜索结果的第一页，客户很可能因为没有耐心逐一甄别，与你的公司"一点而过"。

你是否活跃在那些适合你目标受众的社交媒体上？你有没有将你的在线广告投放到合适的网站上？你是否使用了线索主题标签（即#号标签）来扩大你的社交网络？虽然这些能带来流量的因素在不断变化，但是，适应变化才是有利于维持住现有客户关系并挖掘到新客户的法宝。

我不是一个有耐心的人，通常，我只会查看众多搜索结果当中的前5个，如果它们有我想要的东西，我就肯定要与之联系。

这正是以前的黄页分类广告上会出现"AAA管道工程公司"等信息的原因，因为黄页分类广告是按照首字母顺序排序的，"AAA"肯定会排在最前面。看来眼球经济由来已久，所以你要让自己公司的网址简短且精练，这样客户在输入网址时就不太会打错字符，找不到你。

网站就是你的虚拟名片，客户能从你的网站首页了解到什么信息？网站会给他们留下什么样的印象？这都是你首先要关注的！

网站首页的设计必须抓人眼球，而且要实时更新。但抓人眼球不等于花里胡哨，美国海军早期奉行"KISS"（keep it simple, stupid）设计原则，即"化繁为简、返璞归真"，该原则确实经受住了时间的考验。

无论是直接访问网站还是点击链接，客户都希望信息和图像能够迅速载入。如果他们使用手机上网，你公司的手机应用程序最好能用通俗易懂，以较小像素的画面格式来导航，并且在客户的手机信号不好时也能够快速加载内容。

除了网页设计，你还要重视服务器的投资和维护。如果你的网站首页设计得很漂亮，但客户很难找到他们想要的东西，再加上打开网页的速度很慢，那他们很快就会离开，去上其他网站。如果他们选好商品却找不到支付页面，他们也会转身离开，让你失去一单生意。如果你的客户无法付款或退货了，你肯定不希望客户到处去宣扬这件事，更不希望公司以这种方式出名，所以你一定要慎重地做出回应。

网站或销售点是你的门户，它不仅能让客户获取与你相关的信息，还能让你通过定期发送电子邮件或企业简讯的方式获取与客户相关的信息。你对这些信息的处理方式会决定他们的感受以及他们对你的看法。

想了解客户，首先要像追求恋人那样追求客户，体会客户的言外之意，弄清楚怎样才能为客户提供定制化服务，使之成为一段长期的合作关系。什么时候信息太多？什么时候信息太少？他们想要什么格式？他们想要看到什么信息？他们想在什么时候、以何种方式接收信息？你如何确定与客户的关系是否足够密切？

我通过关注的几个博客和订阅的几份电子报纸了解到了这些。我每天早上和晚上都会查收一次信息，选择自己感兴趣的主题，并按照我想要的阅读顺序对它们进行排序。选择权掌握在我手里。

可见，提供这种定制化服务时，最重要的工作就是了解你的受众是谁以及他们正在寻找什么。你可以让客户来做决定！他们想定期接收信息还是只接收最新的信息？能够区别对待客户，才能保证你们之间的黏性。

想获取公众更多的关注，你就得把你所提供的产品或服务摆在他们面前。所以，每当我的公司获得褒奖，或者有人在出版物、广播或互联网上提到我们，我们都会把链接发送给我们的客户和朋友。他们也会跟自己的朋友分享这些链接，或者发布在社交媒体上。还有人看到这些文章会发表评论或者写文章来讲述我和公司的故事。

但是，无论你的产品或网站做得多么出色，搜索引擎优化得多么精确，广告或市场营销做得多么吸引人，口碑仍是你手中最强大的工具。

为了获得流量，许多公司会花大量的时间和金钱去请网红代言。而近年来，人们更相信专家和专业人士，网红的热度开始下降，因为消费者变得更专业，更有辨别力了，他们更希望从了解产品的顶尖专业人士或曾经使用过你公司产品的用户那里获取信息。

这样一来，客户对你公司产品的好评或者差评，都会被其他客户听到。客户对你的赞赏或批评都会影响其他客户的选择。

有一次，我和一位客户前往伦敦寻找活动场地。我看中的场地被她否定了，因为她的朋友曾在那里参加过活动，对那个地方评价不高。她的朋友不喜欢那里的食物、装潢或娱乐节目，而她显然受了朋友的影响。

最终，我虽然说服她改变了主意，但也确实花费了很长时间才让她接受我的建议，因为那个场地其实非常完美，很适合这位顾客举办活动。这件事充分说明了顾客的评价对潜在客户有很大的影响力。

我朋友的丈夫去牙科诊所美白牙齿，回家后，他问妻子该如何保持牙齿洁净，她推荐给丈夫的是高露洁光感美白牙膏和漱口水。这是两件非常普通的产品。要保持牙齿美白，他确实有很多选择，但直到今天，他仍在使用高露洁牙膏。可见朋友或家人的推荐远远胜于广告。

另一护发品牌的故事则非常具有警示意义。其产品一度受到网红的大肆宣传和追捧，并因此深受庞大的消费群体喜爱。后来，坊间出现了一些关于该品牌产品的负面新闻，比如用户出现头皮发痒、脱发和发质受损等问题。

随着客户投诉越来越多，问题越来越严重，最终导致该公司面临集体诉讼的悲惨境遇。由此可见，产品好才是最终的制胜法宝。产品没有保障的情况下客户的评价就是一把双刃剑。

深层需求：感觉对了什么都对

黄金服务是指在你的产品足够好的前提下，你与客户打交道的方式。对任何业务而言，关键的客户接触点几乎是一样的。

1. 你的网站；

2. 你的实体空间，比如一间实体专营店或办公室；

3. 你公司里直接或间接与客户接触的员工；

4. 客户对你公司产品或服务的体验感，比如它们是如何满足客户需求或给他们的体验带来额外价值的；

5. 你公司产品或服务的交付方式，以及你处理突发问题的方式。

如果你能让客户的体验变得更轻松、更高效、更愉快，他们就更有可能与你合作或购买你的产品，并且向别人推荐和讲述你公司的故事。

曾经有一段时间，我不懂如何线上购物，因为我觉得线上购物是件很复杂的事情，所以我的网购都由我的助手代劳。后来，亚马逊公司推出了一键式购物，从那以后我就彻底爱上了网购。

我有一位朋友她的名字很独特，不仅很难发音，而且很难拼写，所以她去星巴克点饮品的时候都会用化名。有一次她到镇上的一家小咖啡馆去买咖啡，咖啡师在为她下了订单之后问她叫什么名字。她说："在星巴克他们都叫我 ×××。"她在星巴克用的化名发音很简单，而且几乎不可能拼错。但小店的咖啡师说："请告诉我您的真实名字怎么读、怎么拼写，我们会记住的。"他们真的做到了。

后来，每次她来点咖啡，他们都会叫她的名字，跟她打招呼，写在她咖啡杯上的名字始终拼写正确。虽然她对茶点的品质很挑剔，而且星巴克就在这家小店的对面，但她总是来这家小店买咖啡。是因为本地咖啡店的咖啡比星巴克的更好喝吗？这个问题见仁见智。但她在这家小店的购物体验肯定是优于星巴克的！

THE gold STANDARD

> 关注体验感，不仅要满足客户需求，
> 更要提供额外价值。

‹ ‹ ‹

客户服务分为两种，一种是为了销售产品而向客户提供服务，另一种则是专门为客户提供服务，两者是有区别的。

客户服务通常围绕着两点展开：一是如何帮助客户轻松地找到和购买到他们所需要的产品；二是你为客户提供什么样的额外服务，比如更长的保修期、免费送货、无理由退货、购物流程更顺畅等体验。如果客户每时每刻都要等待客服代表帮他们退换有缺陷的产品，这不仅会增加你失去客户的风险，也增加了他们批评你的公司或产品的风险。

对比 10 种类似的服务会比较困难，因为你必须体验过服务才能得出结论。作为服务提供商，你必须尽可能主动出击，把合适的选项放在客户面前。你要敢于冒险，告诉你的客户："这是我给您提供的方案，我觉得您肯定会喜欢的。"这话可能会让人觉得有点唐突，但很有必要。

如何才能让客户不仅有宾至如归的感觉，而且能感受到你的关心？及时满足他们的需求，甚至在他们还没有意识到自己有这样的需求之前就提出建议。

很多网站都有"您可能还喜欢"的功能，向客户推荐其他类似或互补的产品。许多时尚网站以多种方式展示一件物品，比如，展示一条裤子时，会用鞋子、上衣和珠宝进行搭配，当然，其他衣服、配饰都可以在该网站找到。

在科林·考伊时尚生活公司，我们也会根据自己对于行业最优质服务的理解来向客户推荐可选服务。例如，根据客户的需求，我们可以向客户推荐三位符合他们的价格要求和品位的优秀摄影师。

有一次，我到佛罗里达州的博卡拉顿出差，要在当地逗留较长时间。头四天，我吃遍了酒店里所有可以选择的晚餐。到了第五天吃午饭的时候，我问为我们服务的年轻女士：当地是否还有其他吃饭的地方？她说她想到了几个地方，可以推荐给我。结账时，她递给我一张手写的纸条，上面有 4 家餐馆的名称、地址和电话号码。"我刚才和收银台的朋友交流了，"她告诉我，"这三家餐馆距离这里只有不到 15 分钟的车程，而这家餐馆距离这里 35 分钟车程，它们都值得一去。"

接着，她又告诉了我她推荐这几家餐馆的原因。我本来只是请求她提供其他选项，但她主动寻找到更多信息，这远远超出了我的预期。这件事引起了我的注意。我请酒店推荐一家竞争对手的餐馆，他们毫不犹豫地满足了我的要求，因为他们关心的人是我——他们的客户。结果第二天我又回到了酒店的餐厅。

酒店有一些便利设施，能让离家在外的顾客感到轻松舒适，但在新冠疫情期间，为了尽量让顾客有安全感，很多酒店去除了这些设施。

有一次，我出差住酒店，想叫餐到客房。出于防疫原因，房间里没有放置常见的酒店服务指南或菜单。我打电话给客房服务部，对方给了我菜单，于是我为自己和同事点了晚餐和一瓶葡萄酒。这顿饭价格不低。

当食物送达房间时，服务员递给我一只棕色纸袋，里面装着快餐盒和一次性餐具。如果你问我这顿饭好吃吗？老实说味道很不错。但这么昂贵的食物本应该搭配玻璃器皿、瓷器和银餐具，放在手推车里送进客房，而不是装在纸袋和快餐盒里。

想象一下，用户在收到你的产品或接受你的服务时是什么感觉？你要在脑海中构想出这种场景，并假设自己身处其中，这可以改变你看待问题的角度。酒店没有换位思考以下问题：

1. 我们怎样才能让顾客获得更好的体验？

2. 我们取消了一些服务，怎样才能弥补顾客？

3. 是否应该在疫情期间继续给顾客提供陶瓷器皿、银餐具和布餐巾？还是给顾客一次性餐具？

4. 是否可以给顾客赠送甜品，比如曲奇或包装精美的松露巧克力？像这样处理增加的成本并不多，但是可以轻松地提高顾客的满意度。相信你不会希望顾客有被忽视的感觉吧！

我喜欢让我接待的客户感觉舒适和惬意，就好像他们正在参加一场隆重的晚宴。通常，顾客回复我的邀请之后，我会发短信询问他们是否对某种食物过敏、是否有饮食方面的禁忌，并据此编制宴会的菜单。

顾客到场时，我已经做好了所有准备工作，确保他们能度过一个愉快的夜晚。餐厅点起蜡烛，房子干净整洁，餐具摆放整齐，音乐响起，食物也准备妥当。我还会在卫生间里点燃一支香氛蜡烛，把厕纸折成 V 形。我会梳洗整洁，换上新衬衫。冰桶里会装满冰块，茶几上摆放好坚果或其他零食。接下来，我就可以安心自信地当好东道主了。

我曾入住过美国圣巴巴拉市的一家豪华酒店。从纽约起飞时，由于航班延误，凌晨 2 点我才抵达酒店，我又累、又渴、又饿，但是打开客房的小冰箱，里面空空如也，只有一张纸条写着："我们知道您有自己喜欢的饮品。请联系您的酒店管家，他会很乐意为您的小冰箱储备酒水。"这纯粹是废话。既然花了这么多钱住酒店，我为什么要在凌晨 2 点打电话找人查阅酒水清单，然后等待他把酒水送过来呢？

我早就打过电话给酒店，告诉他们我的航班晚点了。有些酒店会在顾客到达之前发邮件，问顾客需要哪些酒水饮品。为什么这家酒店不能这样做呢？

接听我电话的工作人员可以询问我是否需要准备酒水，并在我到达前准备好。他们本可以从我到达酒店的时间推断出顾客在凌晨 2 点时应该不想吃汉堡包，但可能想吃点零食、水果，喝点花草茶，或者他们可以在小冰箱里放几袋好吃的薯片、美味的巧克力棒、即食麦片、瓶装水、迷你瓶装苏格兰威士忌、伏特加，或者小支的香槟、葡萄酒等。至于在小冰箱里放一些符合我喜好的食物，完全可以等到第二天。

快捷酒店都会在咖啡机旁边放碗装方便面和早餐饼干。即使是在酒店里摆一台自动售货机，里面放一些精选的甜点、美味的小吃或是有益身体健康的膳食，也能向顾客表明你在尽力为他们提供舒适、便捷的服务。

利用数据，让每次互动都成为高级定制的体验盛会

收集客户信息是获得客户关注最强有力的工具。要想为客户提供黄金服务，通过主动询问来收集客户信息是最直接、有效的方法。与以往相比，如今的人们不再对自己的生日讳莫如深了，他们也许不愿意告诉你具体年龄，但对出生的日期还是愿意透露的。

客户生日期间，可以向他们推荐生日专享的折扣价产品，或者推出生日期间"购物有好礼"的活动。如果客户预订了足部护理，可以向其赠送 10 分钟足底按摩。

还记得你在电话或网上购物提供信用卡号码时犹豫不决的心情吗？现在 70% 到 80% 的美国人都在网上购物了，千万别以为我们在某个网站上付款后就再也不会使用它了，你的购物信息肯定会被储存在店家的数据库里。

通过向客户询问信息，你可以发现客户的需求，了解他们最看重什么、你怎么做才是对的，以及如何才能做得更好。每个行业都在积极收集客户的反馈。

我去诊所看病，人还没回到家，我的电子邮箱中就收到了一份来自诊所的调查表，表格里的问题包括：你等了多久才见到医生？

你走进医生办公室的时候，医生是否跟你打招呼？医生认真聆听你描述的症状了吗？他是否向你解释清楚了病情？我去药店拿药时，也要填一份调查表，上面的问题包括：你能找到你想要的所有药物吗？药店环境整洁吗？

你要学会融会贯通。无论你销售的产品是服装、化妆品还是电脑设备，你都能得到客户的购买记录。

如果顾客在你的餐厅订座，你很容易得到他们的姓名、电子邮件和电话号码。也许当天是某个人的生日或周年纪念日，他们会提出一些特殊要求，这正是你做好记录，明年再邀请他们回来的机会。如果顾客正在办理酒店的登记入住手续，你会很容易获得他们的个人信息和家庭住址。

如果他们是某个会员俱乐部的成员，你还可以因此获得他们个人偏好的相关信息，比如，他们喜欢住什么样的房间？是否希望房间离电梯近一些或远一些？他们是否带着宠物旅行？他们的个人兴趣是什么？最喜欢哪些旅行目的地？有什么样的饮食偏好？他们平常喜欢跑步还是参观博物馆？

我的朋友坐飞机去巴黎，想在飞机上喝可乐，但该航空公司不提供这种饮料。他在推特上表达了自己的失望之情。当他到达酒店推开房间的门，看到冰桶里有一瓶可乐，瓶身上正挂满了水珠。

也许有人觉得这事听起来有点瘆人，但我认为酒店的做法真的很好。顾客在社交媒体上发布了信息，酒店立刻采取了行动，肯定会让顾客感受到被重视、被关注、被关心。

要利用好数据。如果财力允许的话，可以委托专业人士为公司定制一款适用于你的企业和业务需求的软件。或者自己创建一份 Excel 表格或 Word 文档，还可以使用电脑里的日历提醒功能。

总之，找到一款应用程序或软件，用它来追踪客户生活中的各种重要活动节点。

我们有一位客户，她的孙女 11 周岁了，按照当地的惯例，一年之内她就要规划自己孙女的"成人礼"，我们要想拿到举办"成人礼"的订单，就应该尽早与该客户取得联系。我们在照片墙（Instagram）上看到一位客户的女儿刚刚订婚，尽早向客户发贺信或电子邮件，就有机会成为这场婚礼的策划公司。

如果检查订单记录，你可能会发现某家公司已经连续 6 个月没有继续下单购买纸巾了，也许他们正在从别的供应商那里购买产品，那为什么不给该公司的采购负责人发封电子邮件，建议他重新订购纸巾呢？你可以以同样的价格为客户提供加急配送服务，而不是标准配送服务。你所做的一切都是为了给客户带来独特的消费体验。

我想尽可能多地了解我的客户，想知道他们最看重什么，这样我就能为他们举办一场对他们而言可心可意、别具一格的活动。

我想知道他们最喜欢的颜色和味道。他们最喜欢的度假胜地在哪里？他们最喜欢哪家餐馆？他们以前举办过这样的活动吗？或者参加过类似活动吗？他们喜欢什么？他们不喜欢什么？

当我策划活动时，我喜欢提问，而且我发现人们很愿意谈论这些问题，充分了解客户的喜好，可以帮助我们有的放矢，把满足客户品位的元素更好地融入活动当中。

先确定标准，没有一致性就没有信誉可言

当你向客户提供黄金服务时，一致性是关键。客户希望每次来找你的时候，都能得到一致的产品或体验。如果缺少标准和一致性，你就无法交付商品，也毫无信誉可言。

一致性正是麦当劳成功的原因之一，无论你身处美国的北达科他州还是佛罗里达州，都能吃到同样味道的麦当劳"巨无霸"汉堡包和薯条。客户想确定的是：你是否把他们的最大利益放在心上，而且保持诚实和乐于助人的态度。

为了保证你所提供的服务的一致性，有时你必须说一些他们不想听的话。你必须告诉一位准新娘，如果她一定要把 30% 的预算花在衣服上，我们就没有钱购买她想要的鲜花，或者预订她心仪的婚礼场地。

黄金服务意味着让你的客户在第五次光顾你的餐厅、商店或登录你的网站时仍然感觉很新鲜，并且兴奋不已。

在科林·考伊时尚生活公司，我们会为每一位客户指派一名活动承办人和一名设计师。从初次见面到活动结束，他们都只为固定

的客户服务。也就是说，每次见面时，客户都会受到熟悉的人同样亲切的欢迎，每次都能喝到合口味的饮料，吃到心仪的零食。这些食物每次都会装在精致的瓷质容器里，桌布也非常干净，这一切都让他们感到既熟悉又舒服。

如果你在销售一款产品，无论产品销量大小，无论是在网上，还是在实体店，只要你在顾客准备离去时对他说声"谢谢"，就可以表明你对他心存感激。这是一种增加客户黏性简单但行之有效的方法。

以时下热门的优步网约车为例，优步之所以发展迅速，从服务和被服务的角度来说，司机和乘客间的反馈是双向的，这很有意思。乘客在关门下车之前，有机会给司机打分，对司机的服务给予反馈，如果乘客愿意的话，甚至可以给司机小费。同时，优步司机也可以对乘客的行为进行评价。这种双向评价很好地增加了乘客和司机之间的黏性。

零售店可以采用会员卡制度，回馈忠诚的顾客，鼓励他们重复消费。比如，顾客每消费 10 杯饮料，就可以得到一杯免费饮料；对于经常来光顾的顾客，可以赠送一瓶她喜欢的指甲油，这样她就可以在家里自己修补指甲上脱落的部分。类似的回馈方式，成本不高但效果不错。

如今，这类方式较为常见，所以你要更进一步，主动联系客户，提醒客户领取奖品，并把奖品送到客户手里。如果客户有资格获得奖励，你却保持沉默，没有采取积极主动的措施，也就错失了给客户提供最佳用户体验的机会！

黄金服务意味着你提供的服务要超出客户的预期。新冠疫情暴发之后，美国坐飞机出行的人数下降了近 50%。为了鼓励人们重新坐飞机出行，一些航空公司取消了机票改签费，并宣布这项规定将是长期的。

在酒店业，黄金服务不仅意味着前台员工能够说多种语言，甚至能像万豪酒店广告中的年轻女士那样，懂得使用美国标准手语。

如果你是一名会计或税务律师，接待客户时记得为他沏上一杯茶，如果你的客户每次来事务所时你都能记得他喜欢喝不加糖的格雷伯爵茶，为他播放他喜欢的背景音乐或者按照他的喜好保持安静的环境，这些小细节都会有助于减轻客户的压力。让别人放松心情是件很重要也很容易做到的事情。

我朋友的丈夫在自己生日那天去斯隆 – 凯特琳癌症治疗中心接受治疗，每一名工作人员见到他时，都祝他"生日快乐"。这句祝福能让他的病情好转吗？不会。但会让他感觉更好吗？肯定有帮助。

千万不要自满，不要让客户感觉你不重视他们或不珍惜他们的时间。如果你真的希望持续获得客户的关注，那就必须比竞争对手动作更快。我们的时间变得越来越宝贵。时间是你无须付出任何代价就可以得到的东西，但它又会对客户体验产生极大影响。举个例子，我的家庭医生为我看病时，他总是比我们约好的时间迟到 45 分钟，而且每次都这样。上次我去就诊，我在离开办公室之前就打电话到诊所，询问医生是否准时。前台的工作人员告诉我他会准时，可当我抵达诊所后，等了45分钟他还是没有来。没错，45分钟！

我去质问前台负责接待的小姐，你知道她怎么说吗？她说："这里就是这样的。"那位医生既不是大诊所的员工，也不是医院的附属诊所，所以，无论他的办公室管理得怎么样，他和他的下属都不会被追责。

我的公司面临很激烈的竞争，因此，如果有人给我发邮件来讨论一项活动，他们多半也会给其他5家竞争公司发了邮件。

过去，如果我们是周末收到客户的邮件，我们会在下周一的早上回复。但现在，我们会在几小时内给予回复。如果白天有客户打来咨询电话，半小时内就会接到回电，因为我相信：第一个联系客户的人，将有90%以上的机会赢得项目。

这个道理适用于任何一种客户沟通方式。客户才是决定事情是否紧急的人，如果客户有疑问或遇到难题，你却让他们等待24小时才得到答案，在即时通信和在线聊天大行其道的今天，这段时间可能太长了，他们希望你能越快解决问题越好。

如果你所在的公司规模较小，没有员工提供全天候的客户服务，也可以针对客户的询问设置自动回复，让客户知道你什么时候能答复他们。如果你的答复早于这个时间，就超越了他们的期望，会给他们带去惊喜。当然这也需要把握好尺度。

最近我在网上订购了一把椅子，货物还没寄到，我就接到了商家的电话、短信和电子邮件，询问我是否喜欢刚买到的产品。显然，这家公司内部的各个部门需要调整相互衔接的时间点。我永远不会忘记山姆·沃顿说过的一句话："公司的老板只有一个，那就是客户，他可以解雇董事长以下的每一名员工，方法很简单，只要购买其他公司的产品就可以了。"

作为客户，千篇一律的自动回复一定是很乏味的。

有一回，我家的有线电视出了问题。我登录有线电视网站，但在"常见问题"一栏中，却找不到相应的问题描述，于是我启用聊天功能，并提出了我的问题。在与接听者简单交流之后，我发现跟我聊天的是机器人，根本无法给我提供真正的帮助。我没有可以求助的人，因为有线电视公司基本上是一家垄断企业。

如果有调查问卷问：对于他们处理问题的方式，您感到满意吗？不满意！如果可以的话，您会换其他公司吗？当然会！如果你经营的企业不是垄断的有线电视公司，客户就会有很多选择的机会。当客户认为你在倾听他们的意见、在乎他们所关心的事情时，他们就会选择你，而不是选择你的竞争对手。

不惜一切代价随机应变完成计划！

黄金服务意味着要学会随机应变。我承办过一场在马里布峡谷举行的婚礼，婚礼当天，运送花童头饰的货车被困在洛杉矶繁忙的车流中，显然无法准时赶到婚礼现场。我站在一座有45万朵厄瓜多尔玫瑰装点的凉亭下，心想，就算我取走几十朵，也不会有人察觉。于是，我从凉亭背后拿了一些玫瑰，为花童们做了漂亮的头饰。自始至终没人发现这件事。

在另一场婚礼上，新娘对我说："我讨厌这张面纱，我想要波希米亚风格的面纱。"当时宾客们已经开始走进婚礼现场了，在征得新娘的同意后我用一把剪刀和胶带重新制作了面纱。她很喜欢那张新面纱，戴着它步入了婚姻的殿堂，成为幸福的新娘。

每当客户说他们自己会负责婚礼的某个环节时，你一定要特别留神了，这是我的经验之谈。

在一位客户的婚礼上，客户承诺自己准备结婚蛋糕，他们要用私人飞机把蛋糕带到婚礼现场。然而，私人飞机起飞的时候，蛋糕被忘记了。于是，我打电话给我的一位策划人。她买了两张飞往夏威夷的头等舱机票，并安排蛋糕店的人把蛋糕送到机场，由她的丈夫带着蛋糕登上飞机，及时赶到了位于夏威夷的婚礼现场。空运蛋糕去夏威夷，这样的做法可能看起来很极端，但黄金服务就意味着要不惜一切代价随机应变完成计划！

我曾在多哈举办过一场王室婚礼。客户的员工告诉我们，他们要为2 000名宾客提供围巾作为伴手礼，我们只要在每套餐具旁摆放好这份伴手礼就行，其他什么也不用做。

婚礼当天中午，我们发现围巾还没有包装好。我们手里有现成的围巾、包装材料，还有一大群服务员，而婚礼几小时后就要开始。我们立即行动起来，团队的每名成员和服务员都分配了指定数量的围巾。当顾客们坐下来就餐时，所有围巾都摆放在餐具旁。就算客户有所疏忽，我们也会关注活动的每一个环节，这是我们的职责。

外科医生阿图·葛文德在他的畅销书《清单革命：如何持续、正确、安全地把事情做好》（*The Checklist Manifesto: How to Get Things Right*）中指出，世界正变得日益复杂，我们之所以会失败，通常是因为我们没有充分利用自己所了解的信息。

我们很容易跳过某个步骤，或者做之前忘记了多问问为什么，又或者没有考虑每一种可能会引发什么样的结果。有时，即使自认为考虑周全，也会遇到意料之外的状况。所以，你必须学会随机应变。

我在毛伊岛举办过一场婚礼，当时由于受到突如其来的飓风威胁，婚礼面临取消的风险，我们的现场创意合作伙伴主张取消婚礼。为了确保婚礼如期举办，我的团队计划将婚礼从户外帐篷移到室内舞厅里举行，并研究出了一系列可行性方案，但新娘一想到婚礼要转移到室内举行，就大失所望、伤心不已。

我不能让这种事情发生。于是，我首先说服了创意合作伙伴，让他们留在当地过夜，并给他们提供餐饮补贴；接着，为了确保婚礼按原计划举行，我的团队经过核算后决定冒险！我承诺如果飓风来袭，我们会为所有受损的设备买单。虽然我们的收益会暂时受到影响，但我们对客户信守了承诺，这才是更重要的事情。最终，飓风并未登陆，新娘也得到了她梦寐以求的户外婚礼。

做到未雨绸缪，随时为应对突发状况做好准备是我成功的又一个秘诀。有一次，我们在一座私人岛屿上举办婚礼。从主岛出发，只需坐45分钟的船，就可以到达那座私人岛屿。我们安排了两名现场工作人员提前几天抵达婚礼现场，以便熟悉那里的环境。结果他们发现，新来的厨师并没有带食材过来，而参加婚礼的40名宾客即将抵达现场。

于是，我的团队工作人员乘船去当地市场，采购了所有能买到的食材，并联系当地酒店帮他们补充其他物品。谢天谢地，幸好我们想到了提前派员工去查看场地，否则后果不堪设想。从那以后，每当在偏远的场所举办活动，我们都会提前派人去做准备工作。

看天鹅在优雅徜徉，却看不到它的脚在拼命划水

在办公室里，我的团队每天都要面对不可知因素，预防潜在错误。为了更好地掌控工作中的一切，我们制定了一份长达25页的工作流程说明文件。文件里有插图，详细说明了每个部门应该如何按照流程处理日常事务，内容涵盖了从厨房日常维护、会议室布置陈设到客户欢迎礼仪等所有事项。

我深信"物有所归、各尽其用"这个道理，因为这样既能节省

时间，又能让每个人的工作变得更加便捷。

我们会为每一场活动编制一份流程清单，并持续对其进行复查和更新。流程清单包括从创建客户信息表到活动结束后的跟进，涵盖了所有的工作细节，甚至还包括给全体工作人员和创意合作伙伴的感谢信。

THE gold STANDARD

想掌控全局，
就创建一份事无巨细的流程清单

‹‹‹

我们的每一场活动都有一本执行手册，内容涉及与活动有关的方方面面的信息。它是一本带图示的计划表。执行手册会写明餐桌中央的花卉饰品如何摆放、桌子如何布置、餐具如何摆放以及使用什么品牌或款式的瓷器、玻璃器皿和银餐具等。

这本手册还是一份时间表，告诉我们每一天、每一分钟应该做些什么。执行手册就是我的工作宝典。任何活动最终的辉煌时刻都是由许多细节构成的，所以这本工作宝典非常重要。

对于持续多日的活动，工作宝典的篇幅可能长达 100 多页，参与活动执行和策划的每位工作人员都会得到一份副本，并在活动期间不断进行交流、更新。我们所有人都朝着一个共同的目标努力：为客户创造出最绝妙的体验。

赢得客户并获得订单是一回事，为客户提供超凡的服务体验则是另外一回事。很多公司只在事情出错时才关注客户服务，而不是未雨绸缪，从企业创立之初就树立企业文化，鼓励员工发挥创造力，在遇到问题时给客户无微不至的关怀。

事情随时有可能出错，比如，预订了座位的顾客没来餐厅就餐、酒店没有按时清理好房间、包裹到达场地时已经损坏；又或者，在我们筹划一场为期 3 天的海外活动时，策划人跳槽了，由此可见未雨绸缪很重要。我也将在本书后续章节中探讨更多意料之外的状况，以及应对的办法。

我们曾为中国香港的一位知名人士举办过婚礼。为了躲避记者，他想把婚礼安排在澳大利亚举办。他携家人先飞到另一个地方，想以此摆脱记者，但这个计划没有成功。在客户抵达酒店后的几小时之内，就有 50 多名记者争相报道他们的一举一动。

我们意识到客户根本无法避免媒体的关注，于是，在征求了客户同意之后，我们决定为媒体创造一个友好的环境。我们给记者指定了停车场和等候区，为他们提供照明设备，甚至还提供膳食。

在周末的 9 场活动中，我们允许记者入场。我们为媒体提供便利的同时，也设定了明确的界限，以便于我们掌控整个局面，使客户在最大程度上免受打扰，给予他们想要的服务体验。

要组织一场成功的活动，聪明的活动策划人一定要花时间去找出所有可能出问题的细节，比如，前台接待员可能会忘记预订房间、包裹可能会贴错标签、酒店顾客退房时间可能会晚于预期。

活动策划人要提早制定好应急流程和替代方案，把问题扼杀在摇篮中。这就像你看到天鹅在湖面上优雅地徜徉，却看不到它的脚在水下拼命地划水。同理，你要掌控全局，就要学会在问题发生之前做好准备。唯有如此，客户才能安心地使用你的产品，享受你提供的服务，品味你带给他们的个人体验。

■ 黄金笔记

◎ 客户有自己的选择，你希望他们能选择你的产品或服务。那就要让他们第一时间找到你。

◎ 了解你所在的市场，研究竞争对手在做些什么，反思自己哪些方面做得不如竞争对手，并利用所获得的信息来提升你的市场份额。

◎ 充分利用数据。你要从客户那里获得尽可能多的数据，因为数据是一种强大的工具，有助于你获取客户的关注。

◎ 一致性是关键。客户希望每次都能从你这里得到品质一致的产品或服务体验。

◎ 黄金服务需要创造力和灵活性。为任何可能发生的事情做好准备，而且要随机应变调动一切资源实现你的承诺。

■ 思考一下

◎ 我正在做的事情是否能获得潜在客户的关注，并且能让这种关注持续下去？

◎ 我能找到多少新的机会与客户接触？

◎ 我的客户是否得到同等水平的服务？

第 **2** 章

THE gold STANDARD

Serving Up an Unforgettable Customer Experience

采用标准化操作流程，把体验感拉满

一致性、个性化、真实、奢华、及时、让客户轻松自如，这些都是最佳客户体验的组成要素。

　　只有采用标准化操作流程（SOP），才能确保优质的客户体验。你可以把标准化操作流程融入企业文化之中。

　　在客户的互动中，无论你提供的是什么样的服务或产品，不论客户为你的公司贡献了多少利润，他们都应该得到充满敬意和体贴的服务。客户也许只从你这里购买了一件 T 恤，但双方若能建立良好的合作关系，很难说以后他不会给你带来数千美元的收益。在与每一位客户的每一次互动中，如果不采用标准化服务，你就不可能保持这种一致性。

　　把公司的接待标准应用于每一次客户交流，就会形成个性化的服务。标准和个性化或许听起来有些矛盾，举个例子：一位新客户即将来公司参加会议，在此之前，你和团队成员首次与客户通电话时一定要尽可能多获取客户的信息，以便在与客户交流时更能满足他的需求。

你应该提前做好功课，在网上找到客户的照片及相关基本资料，让所有员工都认识客户。这样，在客户到达时无论谁上前迎接客户，都能立即认出对方。

你可以指派一名团队成员在大堂的电梯旁迎接他们，听说有人把这位负责迎接的员工称为"第一印象总监"。第一印象总监可以很亲切、自然地说："很高兴见到你们，肯特先生和杰克逊女士。"而不是说："是肯特先生和杰克逊女士吗？"

在会议室的屏幕上投映的是一份带客户名字的定制幻灯片，桌上放好的是打印出来的会议议程或产品的样品。每一个步骤都表明你们提前做好了准备。然后，你应该给客户提供多种可供选择的饮料。水当然是必不可少的，建议你准备蒸馏水或苏打水，杯沿插一片柠檬片或青柠角作为装饰。还可以准备冲泡咖啡、意式浓缩咖啡和茶。

记得一定要使用玻璃杯和精致的瓷杯，餐巾纸的质地则奠定了会议的基调，优质的杯子和纸巾表明你的潜在顾客或客户在你心目中的受重视程度，要让他们感受到，能为他们提供无微不至的接待服务是你的荣幸。

在科林·考伊时尚生活公司，我们就是这样做的，通常我们还会额外加一些装饰性的物品。我们的会议室里永远有新鲜的插花或正在盛开的兰花。会议结束后我们会送给他们每人一份小礼品，里面有一张手写便笺，感谢他们来公司拜访我们。两天后，我们还会把会议纪要寄给客户。

礼物不一定要昂贵，但必须能代表你的品牌，并在你和客户之间建立起联系。我们对每一位新客户都这样做，让客户得到的不仅是奢华的体验，更是一种个性化的体验。

与客户会面之前，我的团队会先聚在一起集思广益，找到最能打动新客户的方式，并在接下来的会面中采用这些策略，给客户留下深刻的第一印象。每一位客户的期望都是不同的，你要预测出他们的期望，而且不仅要达成这些期望，还要超越期望。

我曾入住过中国香港的一家酒店，晚上我外出吃饭时，把一块昂贵的手表留在了床头柜上。过了不久，酒店的客房工作人员给我发来手表的照片，并解释说客房服务员进房间为我清理房间时发现了手表，于是把它放进了酒店的保险箱里。事实上，我很信任这家酒店，就算外出的时候也不担心把手表留在房间里会丢失，但客房服务员的行为更强化了这种信任感。

THE gold STANDARD

手写便笺，有价值更有温度

要为客户提供难忘的服务体验并留下深刻的印象，最简单的方法之一就是给客户一张手写便笺或明信片。如今，手写便笺已不常见，正因为如此，客户得到手写便笺时会产生一种惊喜的感觉，留下显著的情感印象。

说到对客户的影响力，作用最大的是及时发给客户的手写便笺，其次是打电话，最后才是电子邮件和短信。今天，如果你想通过电子邮件和短信感谢、慰问别人时，你得费尽周章才能给对方留下良好的印象。而写便笺或贺卡需要的是：一张漂亮的便笺或贺卡、一枚邮票，还有你最为宝贵的几分钟时间。这笔投资的回报是多少？可能是无价的。

今天，有不少公司已经认识到手写便笺的作用，这样做的公司并不都是销售奢侈品的公司。

例如，互联网宠物产品公司 Chewy 会向宠物离世后悲伤不已的客户寄去一封手写的吊唁信；苹果园农场是位于北卡罗来纳州的一座小型羊驼农场，专门销售纱线和其他羊驼毛产品，长冬肥皂制造公司则是一家位于缅因州的家族企业，小批量生产和销售肥皂和护肤产品，这两家公司在每一份订单里都会附上印制好的卡片，卡片上感谢客户购买公司产品的内容则全部是手写的。

2020 年，一位作家乘坐某航空公司的航班飞往纽约。

当时，各家航空公司的飞机上几乎空无一人。飞机降落前，一名空乘人员送给每位乘客一张手写便笺，感谢他们选择并乘坐该航空公司的飞机。

给这位作家留下深刻印象的不仅仅是便笺的内容，更重要的是，这些内容是手写的，并且标注了乘客姓名。他说："与客户的每一次接触都是强化你的价值观并与客户建立关系的好机会！为了接触客户，你所做的每一次努力都极其重要。"我很赞同他的观点。

每当我查看成堆的邮件时，总会被那些手写便笺所吸引。我喜欢贺卡和信笺，尤其是那种质地厚实的贺卡和信笺，如果信笺上还印有名字的首字母那就更完美了。

我们公司的信封是统一印制的，纸质厚实带有暗纹，办公室地址就印在信封折口上。便笺纸很容易买到，质量参差不齐，有高端的，也有便宜的，你可以在任何地方买到这些便笺纸，网上也有得卖。但是请记住，写便笺最重要的是文字所体现出来的思想，而不在于你用的纸或写字的笔有多贵。

我在家里和办公室的桌子上准备了一些贴好邮票、印有我姓名的贺卡，我发现这种方法很有效。我出差时总会带上一些贺卡，无论走到哪里都能用得上。我常去自己喜欢的商店购买一些贺卡，以备不时之需，比如，我会买些空白的和适用于特定场合的贺卡，这样，遇到生日、乔迁喜宴或者需要向别人表示祝贺的场合，我就可以送出一张合时宜的贺卡。我建议你也准备一些，在特定场合及时给客户寄一张贺卡。

手写便笺几乎适用于任何场合。我和某人外出吃饭，回到家后，我会带着些许醉意直接走到书桌前，文思泉涌，写一张便笺感谢对方。

举例如下。

亲爱的彼得：

谢谢你昨晚的盛情款待。昨晚我过得非常开心！晚餐美味无比，顾客们也很有趣。几周后我会回请你，期待那时再见。

顺安！

科林

第二天早上，客户就会收到这封手写的邮件了。每当我收到一份礼物，或者有人帮了我的忙，我就会写一张便笺感

谢对方。如果我在报纸或杂志上看到一篇文章，觉得朋友或客户会感兴趣，我就把它剪下来，并附上一张便笺，一同寄给客户。又或者，如果我在网上看到一些有趣的内容，也会把它打印出来，并转寄给客户。

正如奢华生活方式和旅游咨询服务公司 Embark Beyond 的杰克逊·艾松所指出的那样，在当今数字化内容过度饱和的世界，纸制出版物的数量依然超过数字出版物，这确实引人侧目。我很喜欢给别人寄纸质的印刷品，当然，带附件或照片的电子邮件也能发挥同样作用。总之，无论你采用哪种方式，你的朋友或客户会因为感受到你的关注而记住你。

我经常出差去物色活动场所，所以，很多酒店的经理都认识我。他们会殷勤地帮我升级房间，还赠送给我一些物品，比如一篮水果或一瓶酒。通常我会亲手写一张便笺，附上我的名片，然后交到酒店前台，内容大致如下。

亲爱的莎伦：

谢谢你让我在酒店受到如此热情的款待，还有你送的波尔多葡萄酒，经过长途旅行之后，这瓶酒实在太解乏了。我非常感谢你给我安排了这个房间，窗外景色优美。我住得很满意，期待下次我去棕榈滩时能和你见面。

祝你永远幸福！

科林

现在，我与这位总经理已经建立了深厚的工作友谊，这也为能在她这里得到更具个性化的客户服务铺平了道路，说不定还能得到升级服务呢！如果酒店的工作人员给我开门，我会把小费放在名片里给他，并对他道声"谢谢"。

你也可以尝试这样做，细节总能给人留下深刻的印象。可以确定的是，下次你预订房间、需要他们的帮助或寻求建议时，你会得到他们的帮助。赠予和接受赠予都能给人带来好心情。

客户不会对你的文笔品头论足，所以你无须过虑。你要做的只是表达清楚你的意图，但字迹一定要清晰，必要时可以打印出来，并且及时把便笺送到客户手里，和客户培养起一种持久的、积极的工作友谊。

THE gold STANDARD

构建客户画像，打造无可替代的场景营销

在斯隆－凯特琳癌症治疗中心，医生问患者的第一个问题是："您希望我们怎么称呼您？"这个称呼既不用是患者的全名，也不必是医保卡上的名字，而是患者希望别人怎样称呼他。这个问题虽然简单，却事关重大，因为它表明患者不仅是患者，而且是处于人生最脆弱阶段的个体。患者希望你了解他们、倾听他们的心声。

如果一家医疗机构对患者表现出"闭嘴，让你干啥就干啥"的态度，而另一家医疗机构则愿意花时间与患者讨论治疗方案，倾听患者的担忧，而不是凌驾于患者之上，那么患者去哪家机构就诊的可能性更大？如果你以一种漠不关心的态度对待你的客户，即使你是无意的，他们也会拂袖而去，或者产生拂袖而去的想法。诚然，我也做过类似的蠢事。

我们曾有过一位很难相处的客户，我被她弄得心烦意乱，产生了抵触情绪。团队的其他成员都注意到我怠慢这位客户，这种态度也影响了他们和她的互动。

最终，我们失去了这位客户。你对客户的抵触情绪会被传递到你的团队中。这次经历让我学到了一点：出现问题时，要及时处理好，这会向你的团队和客户传递出强有力的信息。

我常说："你不是香槟，不可能让每个人都喜欢你。"要提供最佳的客户体验，至关重要的一点就是主动去了解并理解你的核心

客户，而不是指望他们全盘接受你所提供的。你对客户了解多少？他们喜欢你叫他们的昵称还是用全名称呼他们？他们喜欢吃完甜点再喝咖啡吗？他们喜欢粉色衬衫吗？是喜欢被浆洗挺括的，还是柔软舒适的？他们对价格敏感吗？他们更喜欢高级料理，还是"从农场到餐桌"的原生态食品？

客户的个人体验无法通过算法或死板的公式计算出来。无论你销售的产品是面向大众还是针对某个人，对你而言，客户看重的东西才是最重要的。正如我之前所建议的那样，当我们试图赢得客户的好感时，要在双方见面之前尽可能多地收集客户的相关信息。

首先，我们要站在客户的立场，问问自己：

◎ 什么样的产品或服务能使我满意？

◎ 我想要什么样的体验？

◎ 接着，我们需要再思考：如果竞争对手知道我们正在争取客户，他们将如何应对？

然后，针对以上两个方面的问题制订出可行性行动计划。最后，就等着好戏上演吧！

当你向客户出售产品或提供服务的时候，是否意识到他们要找的是什么？什么样的东西才能打动他们？能够触动他们的关键点是什么？通常情况下，你既要理解他们明确告诉你的话，也要用心去挖掘他们的真实需求。多年的经验使我发现 40 岁以上的客户更倾向于遵循传统，他们希望把最光鲜、美好的一面呈现给宾客、家人和朋友。而年轻客户想知道我们举办的活动是否低碳环保、是否积极回馈社会。我是怎么知道这些的呢？其实很简单，就是聆听！

THE gold STANDARD

年轻客户不太关心什么是"正确的"，
他们更希望在活动中表达自己的个性。

‹‹‹

　　会议开始后，我会让他们先发言。我天性好奇，喜欢向别人提问。有些问题很直接，我会要求客户提供信息：

◎ 你更喜欢套餐服务还是美食驿站？

◎ 你喜欢正式还是随意的就餐方式？

◎ 喜欢地中海式还是新美式的食物？

◎ 你希望我们通过电子邮件进行交流，还是通过文本？

◎ 你更喜欢纸质，还是电子化的表格和信息？

◎ 你最喜欢或最不喜欢哪些食物或食材？

我还会问一些开放式的问题，让客户畅所欲言：

◎ 你最喜欢的颜色是什么？

◎ 你还记得与这种颜色相关的往事吗？

◎ 你平时有什么爱好？

◎ 放假时你喜欢去哪里旅行？

◎ 你在度假时做过哪些最激动人心的事情？

◎ 你是否有一些想做却还没做的事情？

接下来，根据你收集的客户信息开始构建客户形象，这有助于你构建一个能引起客户兴趣的交流场景。每次与客户见面之后，我们都会听取团队的汇报，从中获取关于该客户更多的信息，以此作为后续与客户每一次交流的指引。

当客户纠结于选择我们还是我们的竞争对手时，这种对客户个人偏好和细节的关注都能够让我们脱颖而出，影响客户的决策。

客户选择了你的产品或服务，除了相信你的产品和服务品质优良，更重要的是相信你有能力及时纠正错误、解决问题。说白了，打动他们的还有诚信！他们相信，如果出了问题，你会及时加以纠正。如果你不这样做，客户会对你失去信心，更糟糕的是，你的声誉也会受损。

奥普拉曾说过：只要是科林·考伊承办的活动，就不会出现任何问题。这是最令我骄傲的赞美之一，更何况赞美出自奥普拉之口，所以对我来说意义重大。如果客户不信任你，那么你的产品或服务对客户来说都无足轻重。

客户喜欢你提供的产品，却对产品的交付方式、交付时间以及你的团队处理问题的方式感到失望，恐怕没有什么比这更令人沮丧的了，如果你曾夸下海口，承诺给对方提供最美妙的客户体验，如今却对自己所做的感到无比尴尬，那就更令人沮丧了。由此可见，**即使你的产品不是行业内最好的，你仍然可以用黄金服务来赢得客户的忠诚度。**

无论你的策划多么精心，说得多么天花乱坠，如果你的客户没有真实地体验到，没有和你建立起情感联系，他们就有可能与其他人合作。

你要选择合适的时机，保质保量地为客户提供合适的服务。这种互动是无法自动完成或预先设定的。你要注意客户的肢体语言和说话语气，注意他对你的主动出击作何反应，从而采取相应的行动。

有的服务能让客户感受到关怀并心存感激，而有的服务会让客户觉得不舒服、讨厌，认为你侵犯其隐私，两者之间只有一线之隔。客户之所以觉得厌烦，可能是因为你给客户发了太多的短信或电子邮件，或者频繁要求客户对你的服务给予评价。

在实体店里，若销售人员太过强势，形影不离地跟在随意浏览商品的顾客身后，顾客可能会很快就离开。这种咄咄逼人的态度与完全不理睬客户或对客户粗鲁无礼的做法别无二致，甚至有过之而无不及！对于任何事情，每个人都有自己的临界值，你要尽快、尽可能多地获取与客户偏好相关的信息，为每一位客户提供量身定制的服务。

有些事情是你完全不应该做的，以我在墨西哥里维埃拉一家著名五星级酒店的高端水疗中心度假的经历为例：当我到达水疗中心后，员工真诚热情的问候让我大为感动。但在接下来的几小时里，每个走过我面前的员工都会对我说："您好吗，考伊先生？""需要我拿些什么吗，考伊先生？""您玩得开心吗，考伊先生？"

不断地被问候，开始让我感觉他们只是在例行公事，而不是真诚地表达对我的关心。他们不断地打扰我，让我的水疗过程不断地被服务人员打断，变得兴味索然。我的个人空间和时间都受到了侵犯。

最后，当一位服务员俯下身准备给我穿拖鞋时，我心想："我真是受够了！"这本应是一场能给人带来奢华体验的身心之旅，但它很快就变得令人厌烦。这不是工作人员的错。显然，受过专业训练的员工只是在遵守规章制度、例行公事，却不懂得灵活使用。

完美体验：一种新的奢侈品

我认为，随着经济的起起落落，奢侈品的定义也发生了变化。消费者的消费习惯和行为模式正在改变，过去被视为奢侈品的东西已经变得不那么奢侈了。曾几何时，奢侈品是一种独特的手工制品，是独一无二的手提包、与众不同的裙子或专属的夹克，而如今我们看到，奢侈品已经变成了通过直营模式，获得高额利润的范例。

爱马仕的橙色盒子曾经也是奢侈品，用来捆绑盒子的褐色丝带是以马鞍缝制手法制成的，显得奢华高贵，价格不菲，而且还不是谁都能买到，你必须去某个特定的商店甚至要去某个特定的国家才能买到。如今，你可以在机场和火车站买到爱马仕的橙色盒子，还可以在网上找到它们。事实上，网络上几乎有你想要的一切东西，无论消费者身处何方，都能快速收到网购的商品。

从积极的方面讲，奢侈品已经变成了人人都消费得起的东西。随着经济全球化和竞争日益加剧，消费者能够以合适的价格获得可迅速交付的高品质产品。当人们预期的和实际得到的产品相一致时，产品就能给人带来奢侈感。如果客户在购买或使用产品过程中获得美好体验，这就是一种奢侈体验。

我搬到新公寓后，买了一张"加州之王"品牌的大床，接着想给自己换一条新毯子。我不经常买毯子，因此，想买一条高质量的毯子，就当放纵自己一回。毯子很容易在网上找到，我在搜索时发现了各种各样的羊绒毯，价格从 300 美元到 7 000 美元不等。很快，我找到了一个名叫 JG Switzer 的网站，它的页面设计得极尽优雅、奢华，其导航功能也清晰明了，我毫不费力就找到了想要的产品，便立刻下单订购。

　　几天后，我收到了一个很大的快递纸箱。我打开箱子，里面是一个密封完好的塑料封套。撕掉封套，看到里面是一只黑色的帆布袋，这是夏季储存羊绒毯的防尘、防潮袋，袋子上有拉链。

　　拉开拉链，里面是一个有两颗纽扣扣起来的、驼色与黑色条纹相间的精美丝绸袋子。解开纽扣，打开条纹袋子，我发现里面有一张便笺，这让我大为惊讶。那是负责打包的人手写的便笺，字迹非常漂亮。我用手指擦了擦便笺上的墨迹，确认自己没有看错，字确实是手写，而不是打印出来的。

　　袋子里面装着我买的毯子，被一条 10 厘米宽的缎带绑着。这真是一次美妙的购物经历。我迫不及待地拿出毯子，铺在我的床上！

　　我本来可以从另一个网站订购一条价格比较便宜或品质相差无几的毯子，如果那样的话，我就无法享受到上述这种惊喜、愉悦、奢华、被尊重的购物体验了。这条毯子花了我不少钱，但我认为它物有所值。

　　从上网下单、送货到家到拆开包装的整个过程，我获得了难忘的体验。该品牌的网站宣称：若产品出现问题，则将得到妥善处理。我想，如果我因为对产品不满意或它在运输过程中被损坏而想要退货，将不会遇到任何困难。

　　在整个购物过程中注重买家的感受，这才是真正的奢侈。无论你卖什么产品，如果客户有美好的体验，如果你用他们从未想到过的额外附加值给他们带去惊喜，或者满足客户意料之外的愿望，那就是奢侈。奢侈是一种感觉，它是一种能让你的所有感官处于和谐状态的感觉。它让你觉得你不再需要其他任何东西，你的每一项需求都得到了满足，甚至包括那些你不自知的需求。这种持续不断的惊喜和满足感非常重要，它们会不断强化你和客户之间的关系。

我购买了一条心仪的羊绒毯，它可以用很多年，我感觉送给了自己一份真正想要的礼物。他们给我的额外惊喜让这次购物经历变得如此难忘，所以写这本书的时候，我要把这个故事讲给你听！

"奢华感"在生活中其实是无处不在的，即使是最平凡的日常的体验，也同样能满足"奢华"的定义。比如坐出租车或者去修车，得到预想之外的重视或礼遇时，其实就是一种高级体验。

几十年来，纽约市的出租车一直是黄颜色的。那时的出租车内饰破旧不堪，座位很脏，车内有时会弥漫着香烟和油腻的食物味道，甚至司机身上也是如此。到了夏天，出租车经常因为没有制冷剂，空调无法使用。

如果你想去布鲁克林区、皇后区或哈莱姆区，司机会拒载。如果你告诉他们你不想聊天，或者要求他们关掉音乐，那就别指望他们给你好脸色看。不过在通常情况下，他们根本就没有好脸色。

后来，优步和来福车进入出租车市场，它们不只是与黄颜色出租车竞争，相互之间也展开了竞争。网约车车内很干净，后座上放置薄荷糖、瓶装水和电源插头，甚至还有手机线，供乘客的手机充电。有些司机会下车为乘客打开车门，帮乘客拿购物袋或行李。他们完全改变了出租车行业，因此，如今的出租车司机变得亲切多了，因为他们知道你还有其他选择。

新的网约车服务创造了一个积极主动的环境，它能够预测你的需求，并在你乘车的几分钟时间里解决你的潜在需求。人们的日常出行体验已经变得越来越好了。

我有一位朋友经常光顾一个位置偏远的加油站。原因是虽然那座加油站不是城里最便捷的，但是有专门的工作人员为司机提供加油服务，这在她居住的地方是很罕见的事情。

遇到恶劣天气时，司机不必下车就可以完成加油。在那里工作的年轻人见到顾客会问候"早上好""下午好"，而当他们刷卡后把信用卡还给你时，还会道上一声"谢谢"。

加油站老板在顾客不多的时候，会走到车旁跟车主打个招呼，感谢车主关照他的生意。他的热情让不少顾客特意从别处赶去他那里加油。学会识别人们在商业体验中真正重视的东西，这是与顾客或客户建立关系的重点所在。

有些人认为，拥有无限的选择才是奢侈的。我不赞成这种说法！我们正处于信息爆炸的年代，获取过量信息已经不再那么令人兴奋了。我可不想把时间花在别人的事情上。

有这样一家餐厅，它为顾客提供无数种选择，堪称信息爆炸的缩影。顾客点了牛排之后，服务员会让他在 9 种昂贵的肉块和 12 种切牛排的餐刀之间做出选择，酒水单的活页夹足足有 2 英寸厚，里面有 400 种葡萄酒可供选择，到了结账签字的时候，服务员会给你拿出 5 支不同类别的笔。

我整天都在不断地做决定，所以，我不想在吃晚饭的时候看到一份 4 页纸的菜单，我不想在享受晚餐的时候还要做工作。如果店家给我五六种经过精心挑选的选项，我会更加高兴，谢谢！

黄金服务源自大刀阔斧地做减法

出众的产品款式和优质的服务源自大刀阔斧地做减法。如今，奢侈品行业和优秀企业正在摆脱 90% 的非主营业务，只保留了 10% 的主营业务。这就是像 Rank & Style（"美国小红书"网站）这样的网站和《纽约》杂志旗下的时尚杂志《战略家》如此受欢迎的原因，因为它们能从成千上万的选择中筛选出最佳选项。甚至连亚马逊公司也开始为我们策划一些个性化的选择了。

时机的把握非常重要。在科林·考伊时尚生活公司，每当我们遇到客户询价时就知道，对方已经开启了选购模式。我们还没有自负到认为我们是客户的唯一选择。

潜在客户可能同时也在向其他 5 家公司询价，但我们知道谁第一个接到客户电话，就相当于迈出了成功的第一步。如果我是第一个和潜在客户交谈的人，我便占了先机，能够与客户建立积极的情感联系。这样，当客户打算做抉择时，我就拥有了先发优势。

等待永远不会给客户带来意外惊喜，这种做法应到此为止。你的客户可以让你等他们的决定或预约，但你永远不能让客户等你。过去，你要等待客户给你发邮件，或者站在传真机旁等待对方传文件过来，而现在，手机与人们形影不离，你可以在几秒内收到想要的信息。

当前正在研发的新技术将使信息的获取速度变得更快。我们已经变得越来越没有耐心，对你和你的客户来说，时间就是金钱。为了不让客户流失，电子商务网站必须易于浏览，而且响应时间必须很短。

如果你经营着一家餐厅，服务员必须主动接待顾客，给顾客递上菜单或者往杯子里倒满水，不能让顾客有丝毫的等待。商店里，如果顾客要找导购员，但无法立刻找到，又或者结账队伍太长，那他们可能会离开这家商店。

我曾受邀参加纽约时代广场一家新酒店的开业典礼，这是一家收费昂贵、装修奢华的酒店。开业典礼的邀请函上说，为了预防突发性事件，酒店的开业典礼定在晚上 10 点。

那天晚上的室外温度不到 2 摄氏度，我在酒店外面等了 45 分钟，情绪从最初的无比期待变成了恼怒不已，最终我拂袖而去。我给东道主写了一张便笺，解释我离开的原因。酒店本可以邀请我参加后来举行的私人旅行，但我从未收到对方的回复。

他们错失了一个好机会，因为我完全有能力，也很乐于向我的朋友和客户推荐、介绍这家新酒店。既然这家酒店并不在乎我，我为什么还要再去光顾或者把它推荐给朋友和客户呢？

25 年前，为了制造轰动效应，刻意让顾客排队等候，以此来显示你的店铺与众不同。但现在，这是一种得不偿失的做法。顾客还有很多其他选择，他们在别的地方会受到欢迎和热情的款待。

和我一样，你的客户也希望能够得到尊重和关爱！5 分钟的等候时间是合理的，或在上述例子中，等候 15 分钟也未必不可，这可以增强我们的期待感，但是，如果让客户继续等待下去，他们的耐心将大大减弱，因为客户的期待会随着时间的推移降低。我们手里的每一分钱都来之不易，所以，我们希望赢得我们选择的商家要懂得珍惜我们给你的机会！

归根结底，我们喜欢那些尊重我们和我们的时间的场所。正因为如此，凡是我们公司举办的婚礼，我都会要求婚礼开始时间不得晚于邀请函约定时间的 15 分钟。我们尊重顾客的时间，唯有给客户留下良好的第一印象，才能为当晚婚礼的其他活动打下良好的基础。

对客户来说，奢华体验就是让他们感到凡事不必费心。他们不用操心订单能否按时送达，物品是否会丢失，也不必关心订单生成后商家需要做些什么。

在你用于完善和管理客户体验的工具箱中，预期和预防是最重要的两种工具。

要想让活动的各环节实现无缝对接，你必须为每一个场景制定好实施前的流程。说实话，这需要进行大量的思考、计划和安排。就像我前面提到过的天鹅，它们看似毫不费力地从美丽的睡莲旁滑过，脚掌却要在水下疯狂划动。你的客户需要看到的就是天鹅那轻松自如的状态。

为何你看不见的一颗螺丝钉，对乔布斯来说至关重要？

当你邀请顾客到家里吃饭或向客户做陈述时，应提前做好充分的准备。如果你举办的是一场晚宴，你不能在顾客到达后还穿着脏兮兮的围裙开门迎客，然后手忙脚乱地摆放餐具，更不能给不吃麸质食物的顾客提供意大利面，给喜欢吃素食的叔叔提供烤牛肉。同样，你不能开会前不做任何思考就发言，也不能在没有准备的情况下直接做陈述，更不能迟到。

如果我要向客户汇报某项活动的预算，我会提前做好调研，比如了解食物、装潢、娱乐、鲜花和活动场所各需要花费多少钱。我会试着预测客户可能提出的每一个问题或他们担心的事情，并找到相应的答案。

有些问题他们可能并没有想到，这时如果你能抛出这些问题，并提供解决方案，那接下来的谈话气氛将非常融洽。也许你无法把每种可能性都考虑在内，但可以和你的团队一起集思广益，帮助你获取足够的信息，这样即便出现意料之外的状况，你也能轻松应对。

想想你每天使用的电脑，程序员、设计师和改善用户体验的专业人士投入了数百万小时的工作，才使得你能轻松地打开电脑就开始工作。我很喜欢史蒂夫·乔布斯的故事，他曾为了麦金塔电脑内部的一颗螺丝而寝食难安。

有人对他说：没人会在意那颗螺丝，更没人知道你为了这颗螺丝花费了这么多时间和精力，这不值得！乔布斯回答说："但我知道。"虽然终端用户看不到这颗螺丝，但它对乔布斯来说至关重要，并最终对用户产生影响。

小小一颗螺丝，在乔布斯眼里居然如此重要，这让我觉得他珍视自己的产品，渴望它能完美！这正是人们愿意购买苹果产品的原因。这与用户体验存在于虚拟世界还是现实生活中无关，从某些方面来讲，我认为科技界在用户体验方面处于领先地位。创造完美的用户体验感是一项重要工作，如果你的网站或平台无法与用户体验感的提升相匹配，你就会落后于竞争对手。

正如用户无法看到麦金塔电脑内部的螺丝一样，我的客户也看不到我们为了举办一场令人难忘的活动背后所做的数百个细节性的工作。我更喜欢求助于我的外部支持团队就是我的创意合作伙伴，因为他们都是技艺精湛的能工巧匠。我们依靠我们的创意合作伙伴和供应商来帮助我们制造神奇，为了能给我们的客户提供卓越的服务，我们只找那些能提供卓越服务的人与我们合作。

Hitech 公司的布里翁·谢默利就是这种人。布里翁是专门生产定制家具并负责安装的制造商，他是我认识的人中最有工作热情的一位。通常情况下，我们会先给制造商发一份详细的说明，然后，他们给我们报价和该项目所需的设备清单。然而，布里翁会在我们提出要求后很快制作出我们描述的设备模型。

有一次，我的一名活动策划师要策划一场誓爱宣言活动，她在餐巾纸上给布里翁画了一张 DJ 台草图，画得非常潦草。两天后，她就收到布里翁发来的电子邮件，里面有一张详细的 DJ 台透视图，包括台的尺寸、抛光效果和纹理等细节，并询问设计图是否符合她的想法。这恰好是她想要的效果。

试想一下，即使这并不是她想要的，该图也能成为继续推动此次创意对话的关键点。

布里翁的经营方式也很令人钦佩。他知道，客户往往要同时应对很多项工作，所以他会主动帮助客户管理他所涉及的项目。如果客户的团队还没有对他的设计做出选择，他会发电子邮件提醒对方：一周内如果不能签订协议，又要按期完成工作就会产生加急费用。

接下来，他会在倒数第三天和最后一天的时候再次提醒客户。项目完成后，他会先把账单寄给客户，然后再提醒客户付款，这样客户就可以避免支付滞纳金了。

卓越服务的另一个例子则是专业视频制作商应许之地公司（Milk and Honey）。我们请他们来拍摄一位 21 岁女生的生日庆祝活动，派对在一个周六的晚上举办，并且持续到了很晚。

第二天早上，所有顾客醒来后，都收到了一封电子邮件，是一个时长为1分钟的派对视频集锦。录影师捕捉了女生的男友、她的家人和闺蜜在派对上的精彩瞬间。

我们并没有要求他们这么做，但看到视频时无论是女生的家人还是顾客都非常高兴。在连客户都没有意识到自身的需求之前，这家公司就提前预知到了对方的需求。

卓越的客户服务需要极致的细节关注、活动的个性化、适度的优雅、团队间的合作、良好的沟通、标准的一致性……它会由许多元素组成，但汇聚起来将大于各个元素的总和。如果你团队中的某个成员不给予支持，那你就无法向客户提供他们想要的东西，他们也就没理由再次登门拜访或购买你的产品。

也许你会觉得，创造最佳客户体验是一项艰巨的任务，但你可以先树立远大的梦想。梦想无须付出任何代价，且梦想和想象是不受任何限制的。当你心中有了那幅宏伟蓝图时，它就像天空中的北极星，始终指引着你做出每一个决定。构想出宏伟蓝图之后，你要开始从小处着手。只需要一个小小的变化，就可以开启梦想，积蓄力量，改变你的未来。

我一直告诉我的客户：你的任务是告诉我你的梦想，我的任务是用你给的钱实现它！

我的一位客户希望在他的生日派对上看到精彩的节目。于是我有了一个创意：我们将派对举办地点设在一座摄影棚里，然后把动态影像从地面和天花板投射到墙上，使顾客沉浸在美妙的视觉图像和声音之中。这需要额外费用，但我们通过调整预算表的其他支出项，给客户带去了令人惊叹的体验。客户对此非常满意。

■ **黄金笔记**

◎ 优质服务源自大刀阔斧地做减法。最佳客户服务的特征包括一致性、个性化、真实和及时性，并让客户能够毫不费力地获得服务。

◎ 奢侈品不再专属于精英阶层。它已经变得平民化，任何人都能够享有。客户服务就是一种新的奢侈品。

◎ 客户是不同的个体，他们有着不同的需求。不要以为自己很了解他们，你所能做的只是推测他们喜欢哪些选择。

◎ 要不断超越客户的期望。如果你无法给予客户想要的东西，那客户可以轻而易举地找到另一个能够满足他们需求的人。

■ **思考一下**

◎ 这些建议适用于我、我的团队和我们的业务吗？

◎ 我们的产品或服务怎样带给客户最佳体验？我们怎样才能更好地为客户创造最佳体验？

◎ 为了尽快实现这个目标，你能做出哪些改变？其中最容易、效果最明显的是什么？

第 **3** 章

THE gold STANDARD

Customer Service Is the New Currency

积极主动的客户服务成为新的硬通货

客户服务分为两种：被动服务和主动服务。被动服务很容易实现，而这也是绝大多数企业提供的服务，主动服务则需要你预测客户的潜意识需求。

95%的公司为客户提供的是被动服务，它会在问题出现时纠正错误，但无法预防问题发生或局面失控，比如：顾客登记入住时房间还没有清洁好、货物发错、订单延期等。这些错误很容易纠正，及时纠错也确实在某种程度上能赢得客户的忠诚，但被动的服务并不能阻止客户与其他人合作。

你已经给客户造成了不便，这在一定程度上会让对方感到很恼火，他们会对你的服务，甚至你的公司产生不好的看法，使公司的形象受到一定的损害。最糟糕的是，当他们谈论这次经历时，通常会先强调出了什么问题，而不是你解决问题的方式。

有一回，我去迈阿密出差时提前在当地租了一辆车。到达机

场后，我前往接送区，等接机的中转车带我去取我租的车。我等了
10 分钟，没人来接我；又等了 15 分钟，还是没人来。

于是，我拨通了租车公司的服务电话，对方告诉我，车已经到
机场了。我就站在那里，周围并没有接机的面包车，甚至连一辆面
包车也没有。经过再次确认，我就站在正确的位置。30 分钟过去后
我再次拨通电话，对方说车正在来的路上。当我第 3 次拨通电话时，
我已经在那里等了 1 个多小时！车终于到了。

当我语气平静但内心愤怒地对司机说："你让我等了 1 个多小
时。"他这样回答我："你到底想不想坐车？"他们只提供了最低
限度的服务，就是接上我，把我送到取车区。我向这家公司的总部
投诉后，收到了一封显然是套用模板的道歉信。对方没有就他们的
服务表示任何歉意，也没有说下一次租车时会给我折扣或升级。以
后我还会租他们的车吗？当然不会，永远都不会。

被动服务很容易实现，只要对客户的需求做出笼统的假设，通
常就能产生同样笼统的回应方式。这些回应也许能解决客户当前的
问题，但很少会让客户感觉到你关心他们。它们顶多算是一种临时
解决方案，但问题不仅没有彻底解决，反而变得更大、更严重。它
们就像是用来暂时止血的绷带，而非真正的解药。

有些做法也许便于你开展业务，却不一定能让你的客户感受到
你对他们的关心。

如果你入住的酒店送了一瓶葡萄酒到你的房间，这当然是件令

人愉快的事情，如果再附上一张写了你名字，且拼写正确的便笺，它的效果就会大大翻倍。

疫情隔离期间我们公司的办公楼没有前台接待员，门卫也无法上班，亚马逊公司的快递员联系我，说要派送一个包裹，但公司里没人接收。我打电话给亚马逊公司的客服人员，要求把这个包裹转寄到我家。但对方告诉我，他们不能这样做，他们会尝试再投递三次，如果还是没人接收，商品将被退回，我的账户信用将会受损。我感到既沮丧又震惊。退货和重新入库要让他们付出额外成本，那他们为什么不制定一个转寄流程呢？

发掘客户潜意识需求，策划让人出乎意料的专属体验

在客户服务这个新领域里，我们都需要变得积极主动。积极主动的客户服务意味着谋得先机，找到留住客户的新方法。冰球界传奇人物韦恩·格雷茨基曾说过："一名优秀的冰球运动员能及时接住冰球，而一名卓越的冰球运动员懂得预测冰球的走向。"

这个道理同样适用于商业，即优质的服务能够给予客户他们想要的东西，而卓越的服务能够满足客户的潜意识需求。主动服务会给客户带来愉悦感和惊喜，吸引他们的注意力。

积极主动的客户服务就是黄金服务。客户都希望得到照顾，无论他们是否意识到这点。主动服务是指你的企业能够发掘到客户的

潜意识需求，给客户提供一些甚至连他们自己都没有想到或意识到的产品和服务。

我们策划每一场外地活动时，都会遵循以上这个原则。如果我们要带 125 名顾客到他们从未去过的某度假胜地或城市，我们希望他们能获得最佳体验。在与客户的每一次接触中，我们都会寻找机会，让顾客经历一次前所未有的感受。我的口头禅是：对顾客来说，知道得越多，玩得越爽！越了解活动的详情，就会越满意。

活动内容确定后，我们会给每位顾客发送一份通知，提醒他们提前做好准备。通知里有一个网站的链接，输入密码后，他们就能收到包括目的地、交通工具、天气预报、活动日程，以及每一场活动的着装规范等各方面的内容。

此外，还有一份可选活动和短途旅游计划清单，以及活动协调人的联系信息。收到顾客回复后，我们会再次与之确认网站上的信息，必要时还会核实护照和其他与旅行信息相关的内容。

我们还为每位顾客提供个性化的行李标签，询问他们是否有饮食方面的禁忌或特殊需求，这样，我们就可以为每个人创建一份档案。这份档案为我们提供了所需的数据，便于我们为每一个参加活动的顾客提供全方位、个性化的服务。

我们的礼宾小姐会手持印有活动标志的手牌在机场迎接顾客。手牌上印有标志，还有顾客的姓名。到达酒店，顾客会收到一张欢迎他们入住的便笺，上面有他们所要参加的活动时间表和着装规范等信息。同时，我们还给每位顾客准备了一份小礼物，比如当地的特色零食、防晒霜、香氛蜡烛。开床服务时，我们会在床上放巧克力、醒酒饮料、一首诗或妙语佳句来结束这个美好的夜晚。这个举动是为了让顾客知道：虽然活动已经结束，但我们彼此之间已经有了情感的联系。

主动服务能有效利用惊喜所产生的效果，比如：希尔顿集团旗下的逸林酒店会在顾客办理入住手续时赠送巧克力曲奇，这已经成为酒店的标志性赠品。

新冠疫情防控期间，逸林酒店公开了巧克力曲奇的制作　配方，让人们可在家中自行制作。对那些喜爱这款曲奇、却又无法入住逸林酒店的顾客来说，该配方不仅满足了粉丝们对这款曲奇的渴望，还提醒他们，当他们可以再次旅行的时候，这些饼干将在逸林酒店等着他们。

主动服务是让顾客每次和你在一起时都能体验到新鲜感。我的一位朋友连续好几年带着她的宠物狗吉娜去同一家酒店度假。去年，当她入住酒店房间时，发现客房里摆着一张她和吉娜的照片，照片装在一个精致的相框里。酒店的员工从她的照片墙账户上找到这张照片并冲印出来，此举让她倍感亲切。类似举动是完全出乎顾客意料的，能够迅速在酒店与顾客之间建立起深厚情感联系。

主动的客户服务就是极其注重细节的个性化服务。在第2章中，我们探讨了如何获取客户信息。现在，你打算如何使用这些信息呢？

我曾为一位客户的儿子举办过"成年礼",最近她再次找到我,要我筹划她儿子的婚礼。我知道她想把见面时间安排在下午五点半,她想在开会前跟我单独讨论半小时,然后她的儿子及其未婚妻会一起参加会议。

我知道她喜欢勃艮第白葡萄酒,因此,她来到我的办公室时,我打开了一瓶提前冷藏好的白葡萄酒,我们在轻松的氛围中一边喝着酒,一边讨论婚礼细节。

当她的儿子和准新娘到达时,我的团队已经做好会议准备,新人的名字出现在会议室的屏幕和一张会议议程表上。

奢华生活方式和旅游咨询服务公司 Embark Beyond 的杰克·艾松指出,如今可供客户选择的信息和选项太多了,所以为目标客户"策划"专属的体验就是创建个性化服务的一种方式。我最喜欢位于圣卢卡斯角的瑰丽度假酒店。诚然,这是一个非常高端的案例,但也有很多可以借鉴的细节。

该酒店已故的老板埃德·斯坦纳曾是一位极具传奇色彩的人物。斯坦纳在世时,不会放过任何一个与顾客相关的微小细节。大多数高档酒店会为顾客预备酒店定制的缝纫工具包,而在瑰丽度假酒店,客房服务员会记下你衣服的颜色,并专门为你制作一只缝纫工具包。

在香港四季酒店,我也有过类似经历:到达酒店后,我随手把一套粉色衬里的西装和一件粉色衬衫挂进了壁橱里。次日当我把它们拿出来准备穿时,发现袖口上多了两枚粉色丝绸袖扣。我喜欢带着自己的枕头旅行。那一天，当我锻炼完身体回到房间，惊讶地发现我的枕头外面被套上了一个颜色与床单相同，上面还绣着我的姓名首字母的枕套。

还有一次，我入住香港的四季酒店。吃早餐时，餐桌上放着一只漂亮的篮子，里面有酥皮点心，我把它原封不动地退了回去，因为我不喜欢在早上吃用面粉做的烘焙食品。到了第三天，篮子里的点心换成了无麸质面包和烘焙食品。

我从未把自己的饮食偏好告诉酒店工作人员，所以我意识到这家酒店不仅有人监督从厨房里端出去的食物，他们还会查看顾客退回来的食物，并分析其中的原因。这和逸林酒店每天为顾客提供新鲜出炉的曲奇饼干有异曲同工之妙，它会让你觉得这些烘焙食物是酒店专门为你做的。

能打造氛围感空间，才是精细化服务

我认为，精细化也包含在主动服务之中。你可能会说，精细化非常适合我所在的接待服务业，但它并不适用于所有行业。不，其实精细化适用于所有行业。我所说的精细化并不是指干净的餐巾和高品质的床单，而是让客户进入一个真实或虚拟的环境中，使其产生宾至如归的感觉。

举个例子：我认识的大多数女性都不喜欢去商店买泳衣，原因何在？因为商店更衣室里的灯光太可怕了。它们很刺眼，使身上的每一处皱纹都变得更加显眼，即使你身上没有皱纹，在这种灯光下你也会产生错觉。

想想看，如果灯光更柔和、自然一些，客户的购物体验是不是会更愉快呢？再想想看，如果顾客不那么急着走出更衣室，她是否会花钱买下她试穿的衣服呢？

精细化服务并不只适用于私人会所或费用昂贵的场所。下面，让我们来看看精细化服务和公共浴室之间的关系。

THE gold STANDARD

精细化是一种衡量标准，
能够体现出一家机构对其客户的关心程度。

‹‹‹

韦斯特彻斯特县有一所癌症治疗中心，我认识的某个人在那里接受治疗。化疗和放疗会影响一个人的外表，可当他第一次走进治疗中心的洗手间时，他看着镜子里的自己，惊讶地发现自己的气色很好，那其实是灯光产生的效果。

这是一个很小的细节，但对我的朋友和在那里接受治疗的其他患者来说意义重大。

我参加过一场在豪华酒店举办的活动，酒店的卫生间安装的是廉价的灯泡，灯光非常刺眼；隔间里放了一只垃圾桶，桶里的垃圾已经溢了出来；手纸也用完了，角落里还有一盆快枯死的植物。这些细节严重影响了我对这家酒店的看法。

相比之下，纽约公共图书馆主馆后面布莱恩特公园的洗手间里装饰着顶冠饰条和进口瓷砖，里面有一位全职服务员为人们服务，卫生间还摆放着新鲜的插花，并播放着古典音乐。

最近，我在一座加油站停车上厕所。通常情况下，对我来说，到加油站上厕所就像坐飞机时上洗手间一样需要谨慎，不到万不得已，我宁肯忍着。

但那间厕所不同，我的担忧完全是多余的。隔间很干净；地板被认真地擦拭过；洗手池边还摆放着一小瓶花；空气中没有异味。厕所门上贴有一个牌子，显示厕所每小时都要打扫一次，清洁工要在牌子上签名。这就是精细化服务，尽管它出现在高速公路旁边的停车区。

精致体现在细节中。想想看，你是如何给客户提供饮用水的？是直接递给他们一瓶塑料瓶装水，还是给一瓶水和一只玻璃杯？

如果条件允许的话，把水倒进玻璃杯里，再搭配切好的柠檬、酸橙或橙子片供客户选择，会不会好一些？如果你把它们放在一个小托盘上，效果是不是更好一些？这无须花很多的钱，只需多做一点事情，就能给顾客留下良好、优雅的第一印象。

3X5S 原则：确保品质如一

无论餐具摆放得多么整齐，服务员多么彬彬有礼，如果不能持续提供，即使是超一流的服务，客户体验也会大打折扣。没有一致性，就没有信誉：服务时好时坏，就是一种失败。无论你提供了多久的优质服务，但凡有一次服务不到位，就会引起人们的关注，而且他们会把糟糕的体验告诉自己的朋友。

如果来餐厅就餐的顾客对乳制品过敏，而餐厅的迎宾、服务员和厨师在某个环节出现了沟通问题，那这家餐厅不仅可能置就餐者的健康于危险之中，还可能永远失去一位顾客。

我的一位朋友就遭遇过这种事情。她很明确地告诉服务员，自己对所有乳制品都高度过敏。服务员向她保证说，她点的菜肯定不含乳制品。但事实上，她菜里的坚果是用黄油炒过的。虽然菜里的乳制品含量很低，但依然导致她出现了严重的过敏反应，被送往医院急救。

事后经过调查发现，服务员的确把她对乳制品过敏这件事告诉了厨师，而且叮嘱厨师不要使用黄油，但他传菜和上菜的时候，并没有再次确认菜里没有乳制品。

建立模板和规章制度可确保每一位客户都能获得一致的体验。在我们公司，只要办公室大门的蜂鸣器响起，就代表着每位员工展示自我的时间到了！我的团队成员知道接下来该做些什么，无论他

71

们在公司工作了一天还是五年，因为我们有可参照执行的规章制度，每个人都可以对其进行研究和查询。

服务的一致性并不意味着你不能为客户提供个性化的服务。我手里有一份模板，是关于如何布置会议室和怎样为客户提供商务午餐的，但午餐的菜单并非千篇一律。如果客户是素食主义者，或者是不吃麸质食物的人，我们都可以据此向其提供餐食。

为此，我创立了"3X5S"原则，即客户接受你的服务之前、服务期间和服务之后你要做的5件事。

如果你想发明或创建某种服务模块时，必然要经历这3个阶段：

1. 试制阶段，即你为了交付服务模块而要做的所有事情。

2. 制作阶段，即这个模块启用时你要做些什么事情。

3. 制作后期阶段，也叫"重置"和"重组"阶段，即为下一次成功复制该模块而做好准备。

gold STANDARD

创建流程与模板不仅能确保流畅的客户体验，还能让员工信心百倍地为客户提供黄金服务！

‹‹‹

每次客户互动都有起始阶段、中间阶段和结尾阶段，但你的业务可能不需要"3X5S"，它可以是"3X3S"，也可以是"3X4S"或"3X2S"。

NetJets 是一家提供私人公务飞机租赁服务和出售飞机部分所有权的公司。在消费者眼中，这家公司的飞机很安全，但毫无豪华舒适感可言。我曾与这家公司合作，目的就是改变人们对这家公司的看法，让客户觉得他们提供的飞机既安全又奢华。为此，我们研究了公司与客户的所有互动接触点。NetJets 公司的客户遍布世界各地，所以香港的客户上午 9 点想要租飞机，但对公司总部来说，就是晚上 9 点。

因此，我们首次提出以下要求：无论客户什么时候来电话，总部都需要有人接听，为机主提取电子文档，并填写他们的航班信息，比如：他们喜欢哪种型号的飞机？他们想什么时候起飞？机上需要备正餐，还是只需要准备零食？他们想喝什么类型的葡萄酒、什么品牌的矿泉水？他们是否需要在起飞地和目的地安排接送服务？

这些安排最终确定后，客户就会收到 NetJets 公司发来的确认函。

接着，我们提出了对机舱的装潢和餐饮设施进行物理改造建议，这些改造并不难实现。但是，在接下来改善飞行员的行为习惯这个问题上，我们却遇到了麻烦。

但是，我必须苦口婆心地说服飞行员，让他们明白客户关系也是他们工作的重要组成部分。飞行员往往会走进候机厅，大喊："去阿斯彭的，出发了！"对乘客来说，这种感觉毫无尊贵、豪华可言。

在准备起飞、航行和着陆时，飞行员要使用检查清单。因此，下一步的改进措施就是实施"3X5S"原则，即在航行前、航行中和结束后，航班上的飞行员与客户互动时必须要做的 5 条。这 5 条是飞行员与客户互动过程中的所有细节。

1. 我们建议公司把乘客的姓名和照片发送到飞行员的手机上，这样，他们就可以记住并在候机厅找到乘客，而不是大声吆喝。进入候机厅的飞行员必须穿制服、戴帽子，上衣领口的纽扣要系好，不能戴墨镜，不能嚼口香糖。备好名片，以便乘客确认其身份。当距离乘客 3 米时，脸上要露出微笑。

2. 在距离客户 2 米时，飞行员要主动伸出手去跟客户握手。如果客户不想握手，飞行员就把手放在身后，礼貌地向对方点头示意。

3. 飞行员要这样介绍自己："早上好，太太，我是机长，今天负责送您去阿斯彭。需要我帮您拿行李吗？我们要去登机了。"

   如果客户之前乘坐过这名飞行员的飞机，他要提醒他们："您可能不记得了，今年前一段时间，我曾送您和您的家人去棕榈滩过感恩节。"这可以增进客情关系。

4．帮助客户登机。

5．请乘客落座，并妥善放置好行李。

在飞机上，飞行员要做以下事情：

1．仔细核对安全标准和流程。

2．告知客户飞行计划和飞行时间。

3．给客户提供饮料，并告诉他们机上有哪些餐食可供选择。

4．到达目的地后，协助顾客下飞机。

5．陪同他们前往候机楼。

他们还要跟进以下事项：

1．确保客户取回全部行李。

2．确保客户到达他们的私家车或租来的汽车旁。

3．检查飞机，并留意哪些地方必须进行维修。

4．把客户的意见或投诉记录下来，并将所有这些信息告诉服务部门。

5．把出现的问题向总公司办公室报告。

THE gold STANDARD

科林·考伊时尚生活公司的"3X5S"

准备阶段：

1. 收到客户咨询时，我们会记录下客户或潜在客户的基本信息，包括客户的活动形式以及他们的预算，并与客户约定见面时间。

2. 使用谷歌和社交媒体进一步了解客户。如果我们有共同的朋友或熟人，可以打电话去咨询。尽可能多地收集客户信息。

3. 我们要确定哪些团队成员将参加会议，并准备一份个性化的演示文稿。

4. 在与客户约定见面的当天，我们会布置好会议室，并提前演示一遍幻灯片，包括一张带客户姓名、欢迎客户光临的幻灯片。我们会准备零食（奶酪、坚果、水果），咖啡，茶，还会准备乳制品等供客户选择。

5. 准备一袋礼品，里面放一张手写便笺，给客户带回家。

当客户抵达公司时：

1. 派一名团队成员在楼下迎接客户，并把他们带到办公室。

2. 安排客户在会议室面对着玻璃墙的位置就座，这样他们就可以看到办公室的活动，并欣赏周围优雅的环境。主动为客户准备他们喜欢的茶点，并指示客户卫生间所在的位置。

3. 向客户介绍我们的团队，讲解并演示幻灯片，介绍公司的运作流程。

4. 注意聆听，尽可能多地收集与客户相关的信息，并了解他们的需求。尽量当场回答客户提出的任何问题，并记录下其他需要后续跟进的问题。

5. 会议结束后，赠送客户一个档案夹和一袋礼品，并感谢他们抽时间来拜访我们。会晤结束后，要有工作人员将客户送至电梯口，等待电梯门关闭后返回办公室。

后续工作包括：

1. 清理会议室。

2. 把食物收起来，清洗、消毒各种容器。

3. 召开团队会议，探讨会晤内容以及后续需要跟进的事项。

4. 确定下一步工作计划，即我们需要做些什么才能与客户
   签订合约？

5. 完成后续工作。

假设你经营着一间发廊，你从客户档案中得知帕特尔太太不喜
欢等待；她喜欢喝浓咖啡配棕糖；她喜欢玛丽亚给她洗头，喜欢让
费利佩给她剪头发。

第一步：

1. 问候客户："您好，帕特尔太太。很高兴再次见到您。
   您今天还是让费利佩给您剪头发吗？"

2. 安排接待："还是让玛丽亚给您洗头发吗？她马上就来。
   我给您来杯咖啡好吗？棕糖，不加奶，对吧？"对顾客
   的喜好了如指掌，会让顾客有备受关注的感觉。

第二步：

1. 洗完头发后，安排帕特尔太太来到费利佩的工位上。

2．为顾客理发，并按照顾客的要求及时调整。

第三步：

1．询问顾客："您看上去光彩照人！帕特尔太太，您对服务满意吗？"

2．顾客付款和后续跟进工作："您还是用会员卡支付对吗？和往常一样，给费利佩20%的小费吗？给您预约下一次的理发时间吧！您想预定下次染发的颜色吗？"

THE gold STANDARD

若要让"3X5S"、"3X4S"、"3X3S"或"3X2S"原则起作用，你不能只做第一步和最后一步，而忽略中间步骤。各个步骤之间是相互关联的，也是你创造最佳客户体验的方式。因此，积极主动的客户服务依赖于坚实的团队合作、收集信息和准确无误的沟通。

在发廊里，主动服务始于开门营业前的员工会议，员工查看当天的顾客预约情况，并为每一位顾客的到来做好准备。

发廊和水疗中心往往实行弹性工作制，如果你的团队也采用这种制度，你可以设计一种虚拟或实时签到方式，让发型师先签到，再为预约的顾客服务，他们下班回家时，也可以用同样方式向你汇报当天的工作。

当然了，一致性服务不能脱离常识！举个例子：我知道史密斯先生喜欢喝苏格兰威士忌，如果我们在下午 5 点开会，我会给他提供威士忌，可如果开会时间是上午 10 点，我可能会用开玩笑的语气对他说："我知道您喜欢苏格兰威士忌，但您不会一大早就喝酒吧？喝点咖啡如何？或者您想喝点别的饮品？"可见，你所掌握的信息也要因地制宜，根据具体情况做出调整。

主动服务意味着你不仅要预测持续变化的商业环境，还要满足不断演变的客户需求。以优步为例：过去，乘客拼车时得弄清楚如何分摊车费，而现在，你只需要点击应用程序的一个按键就可以实现费用分摊。当然，每分摊一次车费，优步都要收取少量手续费。

以前，如果你要取消预订，必须提前写一封电子邮件发给对方，而现在，你只需点击应用程序上的一个按键即可。优步还发明了"安静模式"，乘客可以要求软件提供一位不会主动搭讪的司机。

优步发现，当一群人预订私家车出行时，会选择在同一地点上车，所以他们推出了"组团乘车服务"，这样，乘客就可以在同一地点同时预订多辆私家车。

优步充分利用服务中发现的各种问题，积极提升服务水准，给竞争对手制造压力。如果你没有客户所期望的东西，他们就不会购买你提供的产品或服务。

谁会为你的客户留下至关重要的第一印象？

客户体验是从何时开始的？当他们跨过你的办公室门槛或登录你的网站时，你会为他们安排什么样的旅程？通常情况下，前台接待人员、接线生或回复客户电子邮件的员工是团队中经验最少、收入最低的。我认为这是个错误的做法。

客户对公司的第一印象就来自这些岗位的员工，与此同时，他们也是客户和团队其他成员之间进行沟通的第一道关口。如果他们当天心情不好，又或者他们对客户态度粗鲁、冷漠、不屑一顾，就会影响到客户的整个体验过程。后期需要做大量的补救工作，才能改变客户的负面印象。即便如此，当他们向其他人讲述此次经历时，也还是会从负面内容开始。所以，第一印象至关重要！

最近，我入住过一家酒店，年轻的前台接待员态度十分粗鲁，我实在受不了了，不得不开口训斥他。我对他说："我现在走出大门，再给你一次机会用正确的方式欢迎我。"说着，我真的走了出去，然后重新回到前台，这次他以非常专业和礼貌的态度欢迎我。

我住在酒店的那段时间里，我们聊了好几次。他为我们初次见面时他的恶劣态度道歉，他说他的女朋友前一天晚上和他分手了，他心情很差，影响到自己与顾客交流的方式。顿时，我对他的经历深表同情。如果没有后面的交流，不管酒店的工作人员多么努力地让我住得愉快，我都会对这家酒店的服务留下不好的第一印象。

如果没人像我那样提醒他注意自己的行为，那么，其他顾客对这个酒店品牌的第一印象就会受到影响。如果你的客户首次体验你的服务或产品时遇到的是一名态度粗鲁、不友好的员工，他们可能就不会再给你第二次机会了。

团队合作意味着组织中的每一个人都扮演着重要的角色。就像我之前提到的那位朋友一样，如果一位顾客告诉餐厅服务员他乳糖不耐受，服务员就应该严肃对待这个问题，并将信息传递给厨师。服务员有责任告知厨师，菠菜沙拉里的核桃不能用黄油煎炸，并在上菜之前再次跟厨房确认菜里没有使用黄油，并且要在上菜时告知顾客沙拉中没有乳制品。告知厨师，再次确认，告知顾客这三个步骤一个也不能少！

我曾为一家豪华房地产销售公司做过咨询服务。客户来看楼盘时，最先遇到的人就是门卫。但这家公司聘请的门卫很懒散，他的衬衫和裤子看起来不太干净，也没有认真熨烫过。他从不为客户开车门，也不主动问候客户，回答客户问题时只是一个字、一个字地往外蹦。所以，我给这家公司的第一个建议就是更换门卫，找一位能更好地体现出楼盘水准、能给人留下良好印象的新门卫。

如果有女客户冒雨来看楼盘，他应该打着雨伞出去迎接她；如果她还带着宠物狗，他应该帮助照料好宠物；如果她是带着孩子过来的，他可以拿出一只泰迪熊玩具给孩子玩。

门卫还要向销售团队传达有价值的信息。如何能做到这点呢？

当然是通过倾听客户的意见，然后向团队传递这些信息。我并不是说要偷听别人谈话或侵犯别人的隐私，而是留意客户对你说过的话。相对于销售人员，客户在自己的经纪人面前说话时会更坦率。

客户离开前，门卫完全可以问对方是否喜欢这幢大楼或公寓。问问她是不是很喜欢厨房的布局，但不喜欢橱柜？她是否希望衣橱更大些，或者每个房间都有独立卫生间？

销售人员可以在后续给客户写电子邮件或打电话时利用这些信息来达成交易。他们可以向客户提议，把卧室和客厅之间的一堵墙去掉，给客户更多的生活空间，或者提议客户选择新的厨房台面，又或者为主卧定制一个衣橱。公司里收入最低的人往往可以帮助销售人员达成最高金额的订单。

直接与客户打交道的员工也是企业的早期预警系统。如果帕特尔太太到发廊做头发时心情不佳，前台接待员可以提醒其他工作人员注意。如果结账时帕特尔太太不像往常那样留下小费，前台接待员可以和发型师聊一下，看看在做头发的过程中发生了什么事情。这些做法能够让发型师或发廊老板有机会消除误会或纠正错误，并为客户提供解决问题的办法。

■ **黄金笔记**

◎ 积极主动的服务才是黄金服务。被动的服务可以在出现问题时及时纠正错误，但它无法预测或防止问题的发生。

◎ 要预测冰球的走向。主动服务能够预测客户的需求，并满足连他们自己都不知道的潜意识需求。

◎ 采用"3X5S"原则。主动服务需要模板和规章制度，以确保每一名客户都能获得一致的体验。

◎ 第一印象很重要。客户对你的服务和企业的第一印象会影响到他们整个的体验过程。

■ **积极主动的客户服务成功秘诀**

1. 注重细节，展示卓越。

2. 提供个性化服务，与客户建立情感互动。

3. 加入优雅元素，提升服务质量。

4. 团队合作和沟通是成功的要素。

5. 标准化和一致性。两者相互依存，缺一不可。

■ 思考一下

◎ 我为客户提供的是被动服务还是主动服务？

◎ 我该做些什么，才能为客户提供个性化的服务体验？

◎ 我能够给客户带来哪些更细致的服务体验？

◎ 我如何才能将"3X5S"原则应用到我的业务中？

第 **4** 章

THE gold STANDARD

Making an Emotional Connection

建立强大的情感连接，赢得长期价值

与客户建立真正的联系意味着你要让他们觉得自己得到了你的关注，这才是优质客户服务的核心，也是人们对某个品牌、某家商店或某个服务提供商保持忠诚的真正原因。我认为，到了今时今日，如果客户仍没有与你的产品或服务产生情感联系，那就意味着他们随时会弃你而去。

与客户建立了情感联系之后，他们会更多、更频繁地购买你所提供的产品和服务。当他们和你产生了情感联系时，就会更频繁地访问你的网站、店铺或办公室，他们对价格的敏感度也会降低。

有情感联系的客户会更关注你的电子邮件、短信或信件，更乐于接受你的推荐和建议，并且把你推荐给他们的朋友。一位满意的老客户能给你带来双倍的终身价值。他们是你最好的代言人，因为他们会跟别人谈论在你公司获得的难忘体验。

释放强大吸引力，"诱惑"你的客户

我知道"诱惑"这个词有负面含义，它是指某人以某种方式让你做一些你原本不想做的事情。但是，"诱惑"也可以指用自身强大的吸引力去吸引别人。如果你想获取并留住客户，就必须发挥强大的吸引力。

你可以通过建立某种情感联系来做到这点。情感联系意味着你以一种积极的方式影响了客户的感受，你和客户之间的交流、互动让对方感到惊喜、高兴或满意；你已经从情感和思想上吸引了客户。如果你的产品或服务不好，客户感到失望或不满，那就代表着你失败了，没有建立起这种情感联系，客户将舍你而去。

我所说的"诱惑"绝对没有负面的意思，而是指我们要了解自己的客户，知道他们想要什么，并知道如何吸引他们。我所说的"诱惑"是向客户推荐你最擅长的业务，尽可能在你的客户面前表现出吸引力。

你希望客户在研究你的产品、服务、网站、办公室或店铺时，心里想的是："他们有能力提供超棒的产品和服务。"仅靠优秀的客户服务还不足以吸引和留住你的客户，只有通过情感联系强化这种服务时，它才会充满活力。

建立情感联系要从端正态度开始。首先，要尊重客户，珍惜他们的时间。你是否有这样的经历：前台接待员在没完没了地打电话，把你晾在一旁，根本没有理会你？我有过这种经历。可以说，这种服务令人很沮丧。

在某些情况下，前台接待员是不可能立刻挂掉电话的，比如诊所的前台接待员。然而，对方至少可以看着你，点头示意或用眼神与你交流，表示已经知道你站在那里等候了。无论在虚拟的网络世界还是现实生活中，客户都希望在与你沟通时得到你的重视和认可。

要永远重视你的客户，让他们感觉自己很特别。我曾说过，不论你提供什么样的产品或服务，如果没有客户，那就没有生意。但有时人们往往会忘记这个道理。因此，我每天都提醒自己：我之所以有如今的成就，全是因为我的客户！你也应该如此。

当你业务繁忙的时候，你可以轻松得到需要或想要的活儿。曾有那么一段时间，我手头有很多业务，所以常常对客户挑三拣四。如今，我很后悔自己那样做，因为我本可以从拒绝承接的业务中开发出许多能够重复做生意的客户。

我很想让时光倒流，如今为了获取和留住客户，我需要付出加倍的努力和辛苦。形势发生了很大的变化，现在我和我的团队非常重视客户打进来的每一通电话。我敏锐地意识到，自己正处于一个竞争异常激烈的环境中。因此，从我们收到客户第一封电子邮件或第一通电话起，我们就把每个潜在客户视若珍宝，并努力为其提供黄金服务。

如果有客户以电话留言或电子邮件的方式来咨询，我们会告知对方回复电话的确切日期和时间，这样就可以避免我们与客户反复留言却找不到对方。我们第一次打电话给客户的目的是与客户建立情感联系。

首先，我们向客户询问以下问题：您所在的城市是哪里？婚礼什么时候举行？有多少顾客？

问这些问题不仅是为了收集信息，也是为了借机发现我们和客户之间的共同点，从而建立彼此间的情感联系。

例如，有一对夫妇是我们的潜在客户，他们告诉我们，他们想明年春天为女儿安排一场海滩婚礼。我问他们："你们考虑过百慕大群岛吗？那是我最喜欢的地方之一，那里的春天气候宜人。"夫妇俩回答道："你也建议我们去百慕大，太不可思议了！你是怎么知道的？百慕大是我们最心仪的地方！"此刻正是你与客户建立情感联系的好机会。

我们再以互联网宠物用品公司 Chewy 为例。他们知道很多客户将宠物视为家人，即所谓的"毛孩子"。顾客在 Chewy 注册账户时，不仅要填写本人信息，还要填写宠物的信息。当你和该公司的客服人员交流时，他们首先会询问客户宠物的名字和生日。这通电话就变成了客户和 Chewy 对宠物及其喜好的探讨，客户与 Chewy 之间的情感联系就这样搭建起来了。

Tailored Pet 公司则会为客户的宠物制定个性化食谱，并把食物送到客户家门口。包装袋上还会有一张专属标签，上面标注了宠物的名字、年龄、大小、活跃度、敏感度、健康目标以及食物的成分。如果客户的宠物不喜欢这份食物，公司的团队会跟客户共同寻找原因，直至找到一个能吸引宠物的配方，否则，他们会给客户办理退款。Farmer's Dog 也提供同样的服务，为客户的宠物狗定制新鲜狗粮。

讲独一无二的品牌故事，总有一些特质让你与众不同

故事能产生强有力的情感连接。如果你对自己所在公司的奋斗目标非常清楚，并且认同这个目标，你就能在与客户接触的任何合适的时机讲述自己的故事，并让他们与你建立恰当的情感联系。

我的企业始终追求时尚、奢华和卓越的服务，这正是客户来找我的原因，也是我们公司在设计大堂、办公室、网站、文具甚至名片时所要表现的特质。虽然我没有亲自设计这些东西，但我会积极参与，选择最符合我们公司特质的表现形式。这对我来说很重要，因为我认为这些接触点是强化我们的品牌和与客户建立强有力情感连接的好机会。

当我策划活动时，吸引我的总是那些能让客户的故事变得独一无二的东西，我称之为"客户的 DNA"。无论公司、产品还是服务，总有一些特质让它们显得与众不同。你的实体空间或网络空间能否体现出你的企业特质？

你与客户进行接触并建立联系的时间窗口很短暂，所以，当客

户浏览你的网站、到访你的实体店或接触你的产品时，他们会想："我来对地方了，这正是我一直要寻找的。"

你要让客户或顾客觉得你在乎他们、关心他们的需求，你要让他们感觉自己被接纳，受到欢迎。在我们办公室里，我们为潜在客户放映的幻灯片反映出我们对他们的了解，以及我们认为与之相关的内容。

假设我要见一位新客户，她是一名 40 岁的成功企业家。她最喜欢的颜色是亮粉色，而最钟爱的花是牡丹花。她要在离纽约市不远的乡村举办一场 50 到 75 人的小型聚会。我知道她是个大忙人，所以我们要把会议时长限定为 45 分钟或 1 小时。如果可以的话，我要确保会议室里摆放粉色的牡丹，如果没有牡丹，就使用其他粉红色的鲜花。我用幻灯片展示活动方案时，将以乡村场地为主要内容，而不是突出该场地可以举办 500 人的盛会。

寻找意想不到的机会与客户直接接触

我知道，每当客户需要极其个性化的服务时，就几乎没有对手能跟我竞争了。其实，任何规模的企业都能以最简单的方式与客户建立情感联系。你是否在面包店看到售货员给孩子饼干？孩子开心的样子绝对是件令人愉悦的事情。售货员的举动也会让花钱消费的父母感觉很好。

让我告诉你一个秘诀：要大胆展现你的幽默感，努力与客户建立起私人情感关系。如果你能让某个人开心并开怀大笑，你就已经与之建立了强有力的情感联系。

你手里有客户或顾客的信息，那就物尽其用！每次我去健身房时，前台的人总能叫出我的名字，并向我问好："我看到您上周上过普拉提课，明天还有一节课，需要我帮您报名吗？"他们很有创意，每次都在找机会直接跟我和其他客户接触。

前些日子，健身房里的一些教练工作不是很忙，于是他们摆了两台拉伸器械，邀请顾客在健身之后免费做拉伸。这招非常聪明。免费拉伸让我感觉身体很舒展，我很感激那些教练，于是又购买了更多课程，并缴纳了费用。

最近，我参加了在特克斯和凯科斯群岛的安缦度假酒店举行的一场会议，这家酒店的服务非常好。

为了欢迎我的到来，酒店一位销售主管送给我一瓶稀露香槟，并随香槟附上一张便笺，上面写着：

从 2020 年 2 月 22 日起，
您的爱情故事已经进行了 222 天。
愿您的每一天都被浪漫环绕。
是时候庆祝一番了。

2020 年 2 月 22 日是我的结婚纪念日。那位销售主管居然花时间去计算那天距离我结婚过去了多少天，并在给我们的卡片上注明了 2 月 22 日，这让我感到非常不可思议。

即便不见面，你也一样可以与你的客户建立起情感联系。任何类型的企业，都可以做到这一点。Chewy 在这方面就表现得出类拔萃。我朋友的宠物狗死了，他打电话给 Chewy，打算退回那些还没开封的狗粮。

Chewy 的销售代表不仅对他的宠物狗去世表示哀悼，还告诉这位客户，他们会退还这笔钱，剩下的没开封的狗粮他可以捐给当地的流浪狗收容所。公司还派人送来了一束花和一封吊唁信。

Chewy 就是这样在关怀、同情、理解和服务等多个层面上与客户建立了联系。没错，客户会在自动语音系统里留下一些信息，但这远不如他们与你的员工直接交流来得更有效。不要让客户在客服热线的选项中做选择，你自然就会成为客户眼中最重要的人。

对你来说，把"与销售代表交流"作为客服热线的首选项确实很不容易，但这会让客户觉得很便捷，觉得你重视他们的时间。每当我打电话给客服热线时，如果自动回复让我在第二层菜单做选择，我会立马挂断电话。当然了，如果我打电话给美国国税局或有线电视公司，肯定不会这样做。

在售后服务领域，我认为苹果公司一直做得很不错。尽管与真人沟通或亲自造访苹果零售店负责售后的部门"天才吧"是他们给你的最后一个选择。如果你的苹果设备出了故障，苹果公司提供的故障分类系统非常简单明了。

首先，你要登录苹果网站，然后输入你所持有设备的序列号。找不到序列号？他们会指示给你序列号在设备上的确切位置。如果你想在网上与售后服务人员沟通，他们会立即安排真人而不是机器人进行回复。

如果你想和技术人员沟通，只要留下电话号码，你就会得到一条信息，告诉你将在 4 分钟内接到沟通电话。然后，电话铃声真的会在 4 分钟内响起！

在你等待技术人员连线时，他们会问你想听什么样的音乐，并给你提供 5 种可供选择的音乐。技术人员连线成功后，会一直跟你交流，直到你的问题解决为止。若问题无法解决，使你感到难过、沮丧，他们不会只是表达歉意，他们会为你预约面对面的售后服务。

事后，售后部门会给你发来一份跟踪调查表。他们不仅想知道技术人员是否解决了你的问题，还想知道你是否觉得电话另一端的人关心你遇到的问题。

说到打电话，如果客户拨打你公司的客服电话，他们会有什么样的体验？我们都有过这样的经历：在电话这头等待了 5 分钟、15 分钟甚至 30 分钟，电话那头却只有一条录音信息："您的来电对我们来说很重要。"

如果让你等待 30 分钟，你还会觉得受重视吗？无论是国际长途还是网络连接，为了预防掉线直接与客户打交道的客服团队成员首先应该问客户的问题是："您的电话号码是多少？"这样，如果电话掉线的话，他们依然可以联系到客户。如果可以的话，不妨把自己的手机号码告诉客户。

但是，你有多少次在电话那头等了 40 分钟，而就在快有人接起电话的时候，电话就掉线了？我已经记不清遇到多少次这种事情了，尤其是在我在安排行程的时候。有时候，长时间的等待是无法避免的，但有一些方法可以避免让你的客户感到沮丧或生气。

举个例子：我的一位朋友需要更换微波炉的转盘，于是她打电话给零配件代理商。但是电话拨通后足足等了 45 分钟，呼叫管理软件告诉她前面还有多少位顾客在等候，她还需要继续等待。她只能打开电话的免提功能，边工作边等待。同样的情况在威瑞森电信公司则完全不同，他们会请顾客留下电话号码，并按照顾客来电的先后顺序给顾客回拨电话。对于解决等电话这个恼人问题，这不失为一个绝佳的方案。

与客户建立情感上的联系也意味着生意会更易于达成，尤其是在网上达成交易。换言之，你只需提供一次自己的信息就可以了，不需要客户打开多个页面。如果客户需要帮助，也不必在每一层级重复填写个人信息。还有，如果客户遇到问题，会有真人帮助解决问题，而客户可以授权他在合理范围内做一些必要的事情来完成交易，比如通过电话或线上聊天的方式。

我认识一位女士，她想在网站上购买珠宝。付款的时候，信用卡安全密码空格符那里只允许她输入 3 位数字，而她的信用卡使用的是 4 位数密码。由于无法完成交易，她尝试着打电话珠宝公司，但无人接听。她转而与线上人工客服沟通。珠宝公司的客服代表告诉她，持有这种信用卡的其他客户没有反映过类似问题，并告诉她，她会找另一个人来解决付款页面的问题。

等待了 30 分钟之后，这位顾客关闭了页面，中止了交易。为什么珠宝公司的客服代表不相信客户的话，或者帮助客户联系上订单部门，并允许客户通过电话下单呢？

退货政策也是如此，尤其是在这个网上购物盛行的时代。如果退货很麻烦，客户就再也不会从你那里购买产品了。在这方面，亚马逊公司堪称楷模。客户只需要在网上填写退货的原因，就可以收到一个退货代码。然后，客户把包裹拿到联合包裹（UPS）的收件点，或安排 UPS 上门取件。UPS 员工扫描代码并打印退货标签，退货的事情就交给他们了，整个过程既简单又轻松。

有时候，能否与客户建立情感联系取决于真正与客户建立联系的"第一人"。如果我和一对新人商讨婚庆事宜，我一定会要求团队中的年轻人也参与进来。新人选择我的公司很大一部分原因是我的名气，但我知道，年轻的客户会更容易与跟他们有共同语言和经历的人交流。正因为如此，团队中直接与客户打交道的成员就显得非常重要。

我认为，一个团队必须选择合适的人来扮演这个角色，这是至关重要的。客户与你公司的情感联系始于第一个接电话、回复电子邮件甚至是打开大门的那个人。

建立联系后，如何继续推进达成合作或交易？

与客户建立了情感联系后，如何推进下一步，达成合作或交易？当然是多交流、多沟通。客户希望得到你的重视和欣赏，但是，与客户沟通就像在"过度"和"刚刚好"之间走钢丝，一定要注意尺度。你有很多工具可以使用，比如电子邮件、短信、照片墙、推特和类似于 WhatsApp 这样的通信应用程序。

中国香港的客户正是通过电话交流之后选择我们公司的，我们和对方从未见过面。我们公司的策划人去澳大利亚悉尼考察活动场所，计划通过线上汇报的方式与客户分享考察结果。到达悉尼以后，策划人意识到他们可以取道中国香港飞回美国。于是，他们安排与客户会面，并改签了机票。那次会面为我们与客户家族保持长达 10 年的联系打下了良好基础。

建立联系后，你下一步打算怎么做？你不能觉得万事大吉。战斗还没有结束。与潜在客户在我们办公室首次会面后，我们会等待他们的消息。如果对方在 24 小时之内没有给予回复，我本人或团队的一名成员会跟进这件事，主动给客户发电子邮件，告诉他们我们很荣幸与之见面，并询问客户是否还有疑问，我们很乐于解答，并且询问他们是否有兴趣再安排一次会面。

如果对方不回复，我们就再等一天，然后再发一封邮件。如果我们有对方的手机号码，我们就会发短信。我们经常收到客户发来的信息，为没有及时回复邮件而向我们道歉。

有时候，他们会和我们相约下一次见面的时间；有时候则说他们还在考虑；还有的时候，他们会回复："我们决定选择另一家公司，但我们期待在未来的活动项目上与你们合作。"我知道，他们这样说是出于礼貌，但我讨厌这种邮件，它是一种不诚实的自动回复。我宁愿对方告诉我他们为什么没有选择我，这或许能让我从中收获一些有用的信息！

有一次，我在美国西海岸策划举办了一场万众瞩目的婚礼。刚开始，我和新娘通过视频电话进行了充分的交流，感觉信心满满，认为新娘肯定会选择我们。但是，她后来决定和当地的婚礼策划公司合作，因为她希望在婚礼筹备过程中婚礼公司能时刻在场。

我打电话给她，问她是否愿意再和我见面。她同意了，我坐飞机过去，和新娘聊了整整一天。我们就她的婚礼达成了共识，我承诺，我会永远随叫随到，就像那天一样。当天晚上，我飞回了纽约。第二天，我接到新娘的电话，她说已经决定选择我们公司。我信守承诺，每周通过 Skype 网络电话与新娘视频沟通。

当然，我们也使用短信、电子邮件和电话。只需多迈出一步，就能与客户建立情感联系。在这个案例中，我多迈出的可不止一步，而是飞行了将近 5 000 千米，但此举不仅给了我为她创造出梦中婚礼的机会，还让我在未来的数年里为她和她的家人举办了多场活动。

如果顾客仍然没有回复，我可能会换一名团队成员去主动接触客户。有好几次，我的电子邮件被送进了客户的垃圾邮件箱，但我团队其他人的邮件却没有变成垃圾邮件。我们以为自己丢掉了一笔生意，但实际上机会的大门还敞开着。

客户如果拒绝了你，你可以礼貌地接受现实，这种态度也体现出你对客户的尊重。然而，通常情况下，你只需再多花一点时间和精力就能达成交易。我还会坚持给客户打电话，直到客户明确地拒绝我说："我们已经决定找其他人了。"坚持总有回报，你的直觉会告诉你什么时候才能放弃。

即使最小的举动也能形成牢固的长期关系

即使我和客户之间没有业务往来，我也会持续关注他们。在新冠疫情期间，我们很难与客户线下接触。我们发短信给客户，送去问候，并让客户知道我们重视他们。

有些客户收到了他们参加活动的照片，有些客户则收到一份拼图，图案是从他们参加过的令人难忘的聚会或活动中选取的。我们还会给一些客户寄一套杯垫，杯垫上的图案是他们上次参加活动时拍摄的照片。还有些客户收到了科林·考伊设计的口罩，这些口罩不仅可以提供防护，还很时尚。

我们与客户分享定制的歌曲，并给他们留言："我们希望这首歌能给你和家人带去欢乐，在这艰难的隔离期里继续前行。"这些礼物价格不一，虽然简单，但能有效地保持我们与客户的情感联系，能让客户时常想起我们。

你要学会洞悉客户的情绪，并从中获取你想要的线索。这个方法只可意会不可言传，能否起作用取决于你的情商。有些客户希望你直接与他们接触，有些客户则希望你联系他们的助理。这也许不是你所期望的，但如果这是客户所希望的交流方式，那就按他们想要的方式去做。你可能要把电子邮件抄送给 4 个人，或者群发短信。一切由客户说了算。如果你公司所销售的产品是面向大众的，上面的条款也同样　适用。个别客户会告诉你，他们喜欢什么样的沟通方式，以及他们想多久收到一次你的邮件。

最近，我不再订阅一家公司的电子邮件。在取消过程中，我被问及取消的原因，并列出几个理由供我选择，其中一个理由是："你们公司发的电子邮件太多。"事实上，我确实是因为收到的邮件太多了。在我注册时，难道他们不应该问我希望多久收到一次邮件吗？他们凭什么认为我每天都想接收他们的邮件？如果你对客户或顾客做出主观假设，就说明你并没有真正努力地去了解客户是谁、他们想要什么以及最看重什么。

　　我会问我的客户：他们想以什么样的方式接收我的邮件？以及多久收到一次邮件？然后，我们根据客户的回复制订计划。你也可以这样做。每个人的喜好不同，应该被区别对待。

　　前些日子，一位新客户打电话过来，说要跟我讨论活动的细节。当我收到他的信息时，我问他：是否愿意接听我的电话，细致地聊一聊？当时，我已经筹划好了整场婚礼，包括平面图和合同，并打算使用 WhatsApp 而不是电子邮件或电话来与客户沟通。因为，在亚洲和中东一些国家，很多客户都更喜欢使用 WhatsApp。但他说他更希望进行文字沟通。

　　与客户打交道时，你所使用的语言能够说明你对该客户的理解和尊重程度。正确称呼客户姓名是建立情感联系的基本要求。但令人惊讶的是，人们常常懒得去学习名字的正确发音，也很少反复核实客户名字的拼法。

　　我的家庭教育让我非常注重礼节，甚至到了过于注重的程度。我意识到，我的这种做法与当下轻松随意的生活潮流背道而驰，但每当我第一次与别人打交道时，无论面对面打招呼还是写电子邮件，我总是先称呼对方"先生"、"夫人"、"女士"或"博士"。如果他们告诉我，"请叫我玛戈"或"请叫我大卫"，我才会直呼其名。

　　举例来讲，当我给酒店的前台打电话时，我会说："早上好，我是考伊先生。"我不会说："嘿，我是 506 房的科林。"我在用他们的语言跟他们交流。你要了解客户所用的语言以及他们的偏好。

还有什么其他方法能够表现出你对客户的重视呢？就像新奥尔良人所说的那样，你可以赠送给客户一份小礼品，让他记住你。

每当潜在客户离开我的办公室时，我都会送对方一本我写的书，并附上我的亲笔签名和手写留言。如果这场活动是我亲自策划的，我会送给客户一张带有我手机号码的便笺卡。Catbird 是一家总部位于布鲁克林的珠宝公司，它给每一位邮购珠宝的客户赠送记事卡和火柴。豪斯是一家总部位于洛杉矶的手酿开胃酒公司，公司的老板及其家人会将他们亲手制作的圣诞卡赠送给客户。

有一次，两位女士（其中一位女士是我的朋友）携各自的丈夫去巴黎庆祝她们的 30 岁生日，因为 30 岁在西方被认为是女士的里程碑。返程时，这两对夫妇坐在机场的登机口等待登机，他们购买的是经济舱机票。他们开始和一名头等舱的乘务员聊天。

当乘务员得知他们此次旅行的原因后，送给他们 4 个头等舱专用的盥洗包。这个令人意想不到的举动让他们觉得很贴心，直至今天，我的朋友还在使用这个盥洗包。二十多年前一名乘务员的贴心举动巩固了我的朋友与这家航空公司的关系，所以，现在只要有可能，她仍然会选择坐这家公司的航班。

我认为，圣诞节、生日、假期，以及我擅长策划的结婚纪念日都是重新点燃和维持情感联系的好机会。

你要时常在客户面前露脸，这很重要。我们赠送给客户的礼物大多数是从科林·考伊时尚生活公司所资助的慈善机构采购的。

我一直给曾经和现在的客户以及我们的创意合作伙伴寄送圣诞和生日贺卡。在客户的结婚纪念日，我也会寄去卡片。

对于一些非常特殊的客户，我会复制一个他们结婚时的婚礼蛋糕，作为礼物送给他们。

以后每一年结婚纪念日，我都会给客户赠送特定主题的礼物，比如：一周年的纸婚纪念日，我会送客户一本书，书的封面上刻着客户的姓名首字母；三周年纪念日，我会送给他们一只盘子，上面刻着他们结婚时第一支舞曲的歌词；四周年纪念日，我会送他们一份婚宴时主桌中心装饰物的复制品。他们会跟朋友或亲友谈起这些礼物，而那些人有可能成为我的新客户。

我快过生日的时候，很多我经常购买产品的公司会给我发电子邮件、邮寄广告。所有产品 9 折！ 8.5 折！

谢谢你们，但是我想声明以下 3 点：

1. 每家公司都这样做，所以这些广告无法真正引起我的注意；

2. 在你们打折的期限内，我可能不想要你们推销的产品，而且你们的折扣总是有期限的；

3. 这不是真正的生日礼物。除非我现在刚好需要你的东西，否则，我只会在你们下次大甩卖的时候以 8 折或更优惠的价格买我想要的东西。

　　如果你在打折促销，那为什么不赠送我一份或几份样品呢？举个例子：丝芙兰送给客户的生日礼物每个月都不同。我知道，当人们去丝芙兰的专卖店或网站上领取生日礼物时，都会买点其他产品。当你在科颜氏的网站或实体店购买化妆品时，他们会大方地赠送3种以上的大包装样品。

　　当我乘坐美国捷蓝航空公司的航班时，他们会在送给客户的盥洗包里放不同类型的润唇膏或护手霜。我经常会按照样品去寻找、购买同款的正规产品。让客户体验你的产品是建立情感联系的一个好机会，这通常能带来更大规模的销售。

　　我之所以喜欢给客户寄卡片、送礼物，甚至送代金券，是因为这些东西不会给我的客户增加麻烦。

　　通常情况下，我们举办的活动都有自带的摄影师，我们给客户的照片配上相框，然后寄给客户。在婚礼上，我们可能会给新人的父母拍照，然后把照片寄给新娘和新郎。

　　在一场活动中，如果我们知道有些顾客可能是我们的潜在客户，我就会让摄影师给他们拍一张漂亮的照片，然后寄给他们。我曾向一位客户推荐了一名婚宴厨师，客户告诉我，他们非常喜欢这位厨师所写的一本食谱。于是我买了一本食谱，请那位厨师签名，然后寄给客户。

　　这些礼物都会出乎客户的预料。当他们得到这些礼物的时候，一定会觉得很愉悦，也会因此而常常想起你。

关心客户所关心的事情，这样你就可以从两个层面上与他们建立联系。首先，你有他们想要的产品或服务；其次，你也支持了他们所看重的事业或慈善活动。

顾客之所以选择沃比·帕克、汤姆或邦巴斯等品牌，不仅因为它们拥有设计精巧、价格合理的产品，比如沃比·帕克品牌的眼镜、汤姆品牌的布鞋、邦巴斯品牌的袜子，还因为它们有"买一赠一"的促销活动。

将这种促销形式变成了公司形象的一部分，有助于树立品牌形象，创建品牌知名度，并强化客户对品牌的忠诚度。这些是他们广告和营销活动的一部分。

如果"买一赠一"不适合你公司的经营模式，还有其他措施吗？

餐馆可以组织捐赠食品的活动，或者拿出部分食物，捐给食品储藏机构或其他社会公益组织；发廊可以在毕业舞会季为个性十足的年轻人提供免费理发、化妆或美甲服务；文具店可以向那些家里没钱买学习用品的孩子们捐赠书包和文具。

你可以发电子邮件或找当地媒体来报道这些活动，让人们知道你做了这些事情，还可以在社交媒体上发布相关消息。当人们看到自己心仪的品牌参与慈善事业，他们也会觉得很开心。

在购买产品或达成交易之前，很多买家会查看这家公司采取了哪些环保措施或承诺对社会做出什么样的贡献。

他们会关注："如果我购买这款产品，是否在帮助一个与我持不同政见的政客？我是否在帮助他们剥削弱势群体？我购买的产品是否对环境造成了伤害？"

与客户建立情感联系意味着超越常规、超越客户的期望。现在的市场，要学会融会贯通，一成不变只能被淘汰，要努力寻找机会与客户建立情感联系。

▊ 黄金笔记

◎ 通过建立情感联系来"诱惑"你的客户。与你有情感联系的客户会买更多你所销售的东西，而且对价格不再那么敏感。

◎ 建立了情感联系的客户是你最好的品牌代言人。

◎ 发邮件的时机和内容完全取决于客户。

◎ 保持情感联系。寻找与客户建立合作的机会。

◎ 培养长期关系。即使最小的举动也能形成牢固的客户关系。

▊ 思考一下

◎ 我正在采取哪些举措来与客户建立情感联系？

◎ 我怎样用小创意给客户带去惊喜，与之建立情感联系？

◎ 我是否能让客户知道我很关心他们所关心的事情？

THE gold STANDARD

第 **5** 章

THE gold STANDARD

Every Complaint Is an Opportunity

投诉即反馈，每次都是机遇

你的声誉是无价的。你纠正错误和处理客户投诉的方式可能会有损你的声誉，也可能会提升它。你必须不惜一切代价保护自己的声誉，因为它一旦受损就很难恢复。即使客户的投诉存在不合理之处，你也要谨慎、认真地对待。

　　当今世界，人们可以随时在没有信息过滤功能的社交媒体上表达自己的不满，而我总是尽可能给予别人赞扬，因为赞扬能确保我下次光顾时得到优质的服务。但如果对方的服务很差或出现问题，我也会毫不犹豫地发起投诉，详细地说明问题出在哪里。在理想情况下，我会直接去找一个能够马上解决问题的人，或者登录某个我知道可以从中得到回复的网址。

　　我坚信投诉是有作用的，因为如果我们不投诉，产品或服务提供商就不知道哪里出现了问题，更不会去解决问题。若没有来自客户的建设性批评和反馈，产品和服务提供商就很难提升产品质量，改进服务品质。我在寻找产品或服务时，通常会先看消费者的评价，并对评论和评价进行一番研究。你们不也是这样做吗？

研究评论时，我会问自己：用户抱怨或认可的是什么？原因何在？如果我想找一家餐馆，我首先要知道的是这家餐馆的食物品质和服务质量如何；其次要看看自己花的钱值不值，所以我想知道菜的分量与价格是否成正比。

THE gold STANDARD

> 点赞和差评就是数据，
> 这些数据就是你未来改善客户体验的依据。

‹ ‹ ‹

你能从这些数据中得到什么信息？这些信息有没有引起你的重视？你有没有据此改进产品和服务？你在哪些方面付出了更多努力，或者应该减少哪些问题的发生？

你必须研究每一次投诉，如果它对你的核心客户产生了影响，你要决定是否采取措施以及做些什么来解决这个问题。

我写过一本书，讲述的是如何举办盛大的婚礼。书中有大量插图并且装帧精美，价格也比普通小说高很多。这本书在网络书店上连续收获 5 星好评，但后来有人给了我 1 星评价，因为她不赞成别人在婚礼上花太多钱。另一位顾客收到书时，书已经破损，于是也给了1星评价。这两个1星评价并不能真正反映出这本书的质量和内容的优劣。我也无法改变那位反对奢华婚礼的女士的观点，不过，我可以联系图书出版商，要求他们调查该书在寄送过程中破损的问题。

如果客户抱怨价格太高，又该怎么办呢？

艾琳·费舍尔擅长制作风格简约、能经受住时间考验的高质量女装。我曾听到有人抱怨说费舍尔的产品"不值那个价"，但她的衣服与快销服饰完全不同。她敢于公开自己的采购渠道，致力于公平交易和可持续性发展，给予员工和供应商合理的报酬。她说，正因为如此，她的产品价格较高。

那些了解费舍尔经商哲学的客户可能会抱怨衣服的尺码不合适或接缝处有磨损，但从不抱怨衣服的价格高。

如果你是一家餐厅的老板，网上有人评论说你家餐厅的主菜居然卖到32美元一份，实在是太贵了。你会深究这个问题，去了解顾客为什么会觉得价格高吗？是因为他们觉得菜的分量太少，还是他们不喜欢这种烹饪方式，又或者菜单上的描述与餐厅给顾客上的菜不一样？他们是否把你餐厅的就餐体验与另一家以低价提供同类食物的餐厅进行比较？如果在20位顾客的评论中，这是唯一抱怨价格过高的评论，你是否应该重视它？

如果你能准确找出顾客给差评的原因，就能确定这个问题是否需要解决，比如，这道菜确实没做好，但这只是偶然事件，不需要改进，或者觉得自己没有为了降低菜品的价格而偷工减料，无须理会这些差评。

当你研究评论时，如果发现同样的投诉多次出现，就知道这家公司或个人并没有利用客户的反馈信息来改善他们的产品或服务。

如果一家餐厅 30% 的顾客投诉他们要等候 20 分钟才能看到服务员，那餐厅为什么不解决这个问题呢？如果我想网购洗发水，而我经常看到有人评论说产品到手时已经损坏，那么，快递部门显然没解决好这个问题。

投诉都有目的，要让客户说出自己的故事

我们要认清一点：虽然大多数顾客是讲道理的，但这个世界上也有很多刻薄、易怒的人。没错，有些顾客总能发现让他们不满意的东西。

我们都有跟蛮不讲理的人打交道和处理他们投诉的经历。不讲理的人喜欢吹毛求疵还牢骚满腹。但凡有人愿意听他们说话，他们就会喋喋不休地说自己的购物经历有多么糟糕、产品的质量有多差、销售员的反应有多迟钝。这时你要冷静思考批评从何而来。

当顾客抱怨时，他们的心情也不好。他们的期望没有得到满足，心情很失落，感觉自己被辜负了。他们想知道你在倾听他们的投诉，更想知道你接下来会怎么做。很多事情都会出错，比如：客户的航

班取消或返航、客户订购的衬衫没有寄到或不合身。我知道这不是你的过失，但问题的关键不在于此，而在于你有责任为客户做点什么。一位律师曾经对我说："每个人都有故事。"你要让客户说出自己的故事。

THE gold STANDARD

> 从事服务行业就要明白，
> 即便有人批评我们，他们终究还是我们的顾客。
>
> ‹ ‹ ‹

忽视客户的投诉，你会失去一切，这对你没有任何好处。有些情绪激动的客户会站在你面前不断地抱怨，任凭你如何道歉且愿意承担责任，也无法让他们平静下来。但这种情况从未发生在我身上。

当场道歉有强大的魔力。即使在某些情况下，我对过错只负部分责任或根本没有任何过错，但只要勇于承担责任，就可以舒缓剑拔弩张的局面，为我赢得解决问题的时间。有时候，只要你倾听客户的声音并接受他们的抱怨，就足以平息对方的怒火。

如果客户告诉你，参加活动的宾客抱怨食物是冷的，你可以告诉他们："我会和宴席承包商谈谈，现在这件事怎么解决才能令您感到满意呢？"

有些客户可能会要求免去整顿饭的费用。如果遇到这种情况，我想声明一点：你可以承担责任，为自己的错误做出赔偿，但这并不等同于你要受到惩罚。若顾客不满，餐馆可以给予适当补偿，但不能没有底线，这完全是两个概念。

这种情况下，你可以跟对方协商，在对方的要价和你的底线之间找个折中方案。最低限度，你可以按成本价收费，不赚钱，但不能接受亏损。

犯一次错不是世界末日，任何错误都有纠正的机会。把客户的投诉转化为机遇，让心怀怨气的客户变成忠实的朋友，才是处理问题的最高境界。

我有一位朋友，她很信任自己的私人医生，但是有一次由于诊所收费部门的失误，她的医药费无法报销，而诊所的财务部也没有及时处理这个问题。她给医生发了邮件，详细描述了问题，并表明虽然自己很喜欢这位医生，但如果报销问题无法解决的话，她只能遗憾地另找一位医生。

私人医生收到这封信的当天就打电话向我的朋友道歉，医生真诚地承认了错误，说她已经与财务部的负责人沟通了，后者会跟进、处理此事。医生还把财务负责人的电话号码给了我的朋友，欢迎她随时与那位负责人联系。最终，问题得以顺利解决，而接下来的10 年里，我的朋友仍然在那家诊所就诊。

遇到问题时，你要学会倾听客户的意见。要记住：忍气吞声、被动型性格的客户反而更具破坏性！如果他们没有直接给你提意见，可能就会向别人发牢骚。

举个例子：我的一位客户到一家口碑很好的发廊去做头发，美容院赠送给她一次免费修剪头发的服务，但她对现在的发型很满意，于是就拒绝了。发型师说她有很多灰头发，建议进行漂洗，然后染成与她原来发色匹配的颜色。当然，染发要额外收取费用，因为它不包含在免费套餐中。

我的客户同意了，于是发型师调好染发剂的颜色，把它敷在客户头发上。到了给客户漂洗头发时，她听到发型师说："哎呀！"这可不是她想听到的话。她望向镜子，看到自己天然的棕色头发现在变得乌黑发亮。不得不说，这头乌黑发亮的头发实在触目惊心。发型师提出，她可以尝试把黑色弄淡点，又向我朋友保证说，黑色会慢慢消退，但我的客户再也不想让这个女人碰她的头发了。

如果我是那名发型师，我会给客户做出补偿，至少要赠送她一些东西，比如下次来免费用洗发香波洗发，或者赠送客户礼品券。然而，那位发型师什么也没做。她从始至终都没有说过一句"对不起"，也从来没有打电话去跟进这件事。犯错是一回事，保持沉默就是另一回事了。

犯错以后，千万不要保持沉默，最好和客户保持联系，直至你知道他们回心转意为止。你可能无法重新赢得客户的芳心，但至少你可以让客户知道你努力尝试过改变现状。

之后她洗了 6 遍，头发颜色依旧乌黑发亮，过了 3 个月也没有多少改善。也许是发型师搞错了配方，也许她用的是染发剂而不是漂洗剂，事已至此一切都不重要了。我的客户还会再光顾那家美容院吗？肯定不会了。她是不是会一遍一遍地向别人讲述这件事？毫无疑问，会！

发现错误后的行动指南

承认错误并及时道歉是至关重要的，同样重要的是：行动起来！就算没有找到最佳解决方案，行动总比不动强！

当我的团队成员或我发现自己犯错时，我们通常会这样做：

承认错误：不要有抵触情绪，客户需要倾诉，所以你要听客户说些什么，不要打断他们。

道歉：要针对具体的问题表达歉意，比如："很抱歉，您的航班被取消了""您的包裹没有准时到达""这件裙子太短了"。

评估问题：尽可能多地获取与当前情况或问题相关的信息。问题有多严重？你需要做些什么？客户有何感受？

承担责任：向客户保证说你会处理好这个问题。

缓解紧张氛围：你能做些什么来纠正错误？

杜绝后患：确定问题所在，并生成一份问题清单和解决问题的流程，防止同样的错误再次发生。

举个例子：有一次，我正在筹备一场婚礼，新娘坚持要用一种特定的彩色墨水来写请柬。我们做了一份样品，看起来非常漂亮，双方都同意采用该设计。

我们把请柬寄给了 250 多位顾客。但不知什么原因，请柬信封上烫金字的地址没有印好，邮局的工作人员在分拣请柬时一不小心就把字擦掉了，结果导致一半顾客的请柬无法投递。

当我们意识到这个错误时，新娘感到非常难过，她向我们表达了不满。这是我们为她筹备婚礼做的第一件事，结果搞砸了。她想知道，随着婚礼的进行，类似的事情是否还会出现。对我们来说，当时的局面非常不利。

我所做的第一件事就是承认错误，并向新娘道歉。我向新娘保证我们会处理好这件事，无须她支付任何的额外费用。我们立刻自付费用，向每一位宾客发送了精美的电子请柬。我告诉新娘，我们会给已经印刷好的菜单和座位名牌打折，并赠送她感谢卡。

新娘接受了我们的道歉，并且很欣赏我处理问题真诚的态度。她的婚礼举办得很顺利，场面非常壮观，我们之间也因此长期保持着良好的关系。

从那次婚礼以后，我们对工作细节做出了一些改进：每一份寄出的请柬都被装在一只薄薄的透明信封里，邮票贴在信封上。这样一来，我们再也没有遇到过类似的问题。

我们从中学到了什么叫"杜绝后患"，即降低突发事件的影响，尽力做到最好，并从经验中吸取教训，知道如何防止这种事情再次发生。

在职业生涯的 35 年里，我一直都是这样做的。无论你多擅长做这些事情，或者技艺有多高超，犯错是难免的，不在你控制范围之内的事情都有可能会出错。我这样的人都可以向客户道歉，相信你也可以做得到。

没错，"对不起"有时候是最难说出口的三个字，但一定得说出来，而且必须真心实意，而不是对客户说："看到你这么难过，我深表遗憾。"

接下来，我要做的就是弄清楚问题的根源在哪里。这时候，时间至关重要，因为你回复客户的时间越长，他们就越愤怒、越需要发泄情绪，直至你与对方开始进行实质性的交流。

为了多争取一点时间，你可以对客户说："请允许我先调查一下这件事，然后再答复您。"如果你对客户说，会在 20 分钟内给他们答复，那就定好闹钟，在 20 分钟之内答复客户，如果你还没有查清楚，也要告诉他们，你可能还需要多一些时间。必要时，你可以重复这种做法。

"对不起"作用有限，实际行动才是关键

犯的错误越大，你就越需要道歉，即使你是在为别人犯的错误道歉。对于一些小错误，比如花送晚了，你可以打电话甚至发短信给客户，做出最真诚的道歉，并保证类似事情永远不会再发生。即使你只能低声下气、委曲求全，也不能让客户因为你没有道歉而拍案离去，耿耿于怀。

有一次，我承办一场慈善活动。客户向赞助商承诺他们的产品可以放在活动场地入口处醒目的位置上作展示，赞助商可以在那里负责介绍产品。然而，客户从来没有对我或我团队的任何人提起过这件事，因此，当赞助商到达会场，发现客户所承诺的一切都没有摆放到位。

由于当时嘉宾已经落座了，就算按照之前的约定把产品摆放在入口处，已经没有任何意义了，因为嘉宾不会再留意到入口处的产品。如果我们把这位赞助商的产品摆放到其他赞助商的位置上去，他们肯定会不愿意。这位赞助商向我的客户发牢骚，客户回过头来又把气撒到了我身上。

虽然我事先没有得到任何信息，但没关系，我仍然尽力去做了弥补。事后我发邮件向客户道歉，说我会调查事情的缘由。

然后我又发了一封邮件，跟客户解释说是人员沟通出了问题，并再次道歉。我还给客户送去了鲜花和手写的道歉信，但这位客户

一直没回复我，尽管如此，我没有丝毫的遗憾，因为我已经做了一切能够表达歉意的事情。

客户并不是永远都正确，但是，如果你决定向客户表达歉意，就请在合理的范围内竭尽所能吧！有一回，我的信息技术（IT）经理在星巴克喝咖啡时想使用桌子上的充电板给手机充电，但没有充上，于是，他随手给星巴克的客服部门发了封电子邮件，把这件事情告诉他们。

没想到客服部门不仅为此向他道歉，还寄给他一张 5 美元的代金券。礼物虽小，却起到不小的作用，令顾客备受感动。他完全可以选择去其他咖啡馆消费，但他不仅继续光顾星巴克，还把这个故事告诉了我们办公室里的每一个人。

事实上，道歉是一门科学。经济学家约翰·李斯特与优步合作时发现，如果顾客对服务不满意时，仅仅道歉是没什么用的。但是，当优步改为向不满的顾客赠送 5 美元优惠券时，顾客会表现出很高的忠诚度。

顾客很高兴看到优步愿意用实际行动表达歉意，并为他们糟糕的经历做出补偿，哪怕是很小的补偿。李斯特还发现，"对不起"只在第一次出现问题时起作用，如果客户有第二次或第三次糟糕的经历，道歉就不再起作用了，甚至连优惠券也无法挽回。

在丽思卡尔顿酒店，如果客户对服务不满意，每一名员工都有权限花一定数量的钱来满足客户的需求或当场纠正这个问题。这项规定简直是天才之举，因为归根结底，只有当场解决投诉，才能让客户感觉你不仅倾听他们的抱怨，而且接受他们的意见，关注客户满意度。

如果酒店餐厅的主菜不合某位顾客的胃口，餐厅员工可以赠送甜点作为补偿。此外，给客户升级房间或退款等方式也是当场解决问题的好办法。

纽约的"地狱厨房"是一家非常、非常高档的餐厅，顾客如果想提前预订座位，那几乎是不可能的事情。在纽约，很多餐厅晚上9点以后都会播放音乐，只要听到音乐一响，食客们无论是否还在用餐，都会离开座位开始跳舞，这家餐厅也是如此。

我第一次去那里就餐是受一位朋友之邀。终于有机会品尝久负盛名的美食了，我觉得很兴奋。然而，菜刚端上来，餐厅里就响起了音乐，完全没机会享用美食。

第二次去那里是我请朋友吃饭。我提前给餐厅经理写了一封信，说我们上次在餐厅里花了一大笔钱，酒很好喝，舞也跳得很开心，但根本没有吃到东西。虽然我们玩得很愉快，因为没能好好地品尝美食，觉得有些遗憾。我告诉经理，今晚我们还会去用餐，并希望能好好地品尝一番。

我和顾客到达餐厅后，第一道菜及时端了上来。然后，服务员就再也没有上菜。45分钟后，等到音乐响起，剩下的几道菜才端上桌。这时候，我们已经兴味索然。

第二天早上，我又写信给餐厅经理，告诉她这是我第二次来餐厅，却遇到了同样的问题。她给我回了一封言辞恳切的信，说为我们那桌服务的服务员忘记把其余几道菜的菜名输入电脑了。她希望我能再去一次，好好品尝餐厅的美食。

但是，自始至终经理始终没有说："希望你们能再次光顾，给我一个请客的机会。"或者说："下次来我一定请您喝一杯马丁尼。"又或者赠送一份甜品。除了道歉，她什么也没做。

我还会去那家餐厅消费吗？再也不会了。他们搞砸了我的两顿晚餐，我给了他们纠正错误的机会，但他们没有把握住。没人愿意忍受糟糕的服务，更不用说冒险去重复这种糟糕的经历。我其他的朋友也去过那家餐厅，他们也有着跟我十分相似的经历，大家都觉得没有必要再去消费。

你看，麻烦事总是无处不在：你去办理登机手续，票务员却告诉你航班延误了 45 分钟，或者登机口换了地方，而那里距离这个登机口有半个航站楼那么远。又或者他们更换了设备，你的商务舱座位被取消了，或者你的座位被换到了厕所旁边。

我的一位客户和她妹妹一起坐飞机去温泉疗养地度假。她们的航班被取消了，本应只有 4 小时的直飞航班变成了 9 小时，还要转两次机。尽管航空公司立刻为这对姐妹重新预订了航班，但她们要乘坐不同的飞机、在不同时间抵达目的地。

两姐妹排队问票务员是否有办法让她们坐同一架飞机，她们并不要求坐在一起，如果没有其他办法她们也愿意花钱升舱。票务员经过一番查询，递给两姐妹同一趟航班的机票，姐姐的座位还升到了头等舱，但他并没有收取额外的费用。正是这种改善服务的方式，赢得了客户的感激，提升了客户的忠诚度。

入住酒店时如果遇到问题，我会第一时间向酒店反映。我认为，酒店的管理层必定想第一时间听到顾客的意见，因为他们所从事的是服务业。

几年前，我的客户到宾夕法尼亚州出差，住在当地一家小旅馆里。他要求前台提供叫醒服务，但第二天早上，前台并没有打电话叫醒他，他差点就错过了一场重要的会议。退房结账时，他向前台接待员提及此事，前台免收了他前一天晚上的住宿费用。

遗憾的是，有这种服务态度的人并不多，或者说能够做出这种慷慨举动的人并不多。

事实上，若因为这种事情而失去一位客户，那你付出的代价会更大。我曾经入住迈阿密南滩的一家五星级酒店，因为我要在那里策划一场大型活动。我和我的团队在酒店住了 7 天。我们刚入住就遇到了问题，带顾客去吃午餐时，我们又遇到了问题。

酒店工作人员很粗鲁，对人总是一副爱理不理的样子。我向酒店的总经理反映了这些问题，但对方基本上没有理会。他本可以针对这些问题来改进服务质量，从而提升未来顾客的入住体验，但他没有这样做。

后来我再也没有光顾那家酒店。这并不是因为我对自己遭受的待遇不满，而是因为他们的做法表明酒店对客户服务工作根本不上心，而我不希望我的客户入住一家经理和员工无法满足其需求的酒店。

道歉不一定要很正式，但必须很真诚，而不是靠系统自动回复。我的一位朋友为他的女朋友订购了一件里昂比恩衬衫作为圣诞节的礼物。衬衫准时寄到，但颜色和尺码都弄错了。当他拨打售后服务电话时，接电话的客服代表先向他表示歉意，并找到了正确颜色和尺码的衬衫，说他们会优先把这件衬衫寄出，以便赶上圣诞假期。至于那件寄错的衬衫，客户可以留着，无须退货。

我住在洛杉矶的时候，跟一家餐饮公司合作，在蒙特西托一幢气派的房屋里举办一场追悼会。追悼会结束后我就离开了，厨师和他的员工留下来为丧偶的女主人收拾房间、打扫卫生。遗憾的是，他们打扫厨房时笨手笨脚，打碎了几只碟子。直到向女主人推荐我的朋友打电话给我，我才知道这件事。

我首先打电话给那位女主人道歉。我告诉她，第二天早上我们会安排清洁服务，仔仔细细地把厨房打扫干净。我把打烂的盘子全换成新的，还附上一张我亲手写的道歉便笺。这一整套补救措施花了我不少钱。女主人和蔼地接受了我的致歉，过了没多久，她要招待宾客，便打电话请我再次为她安排宴席。

在另一位客户家中举办活动时，一名服务员打碎了一把古董瓷茶壶。我找到一位最擅长修复物品的师傅，自掏腰包请他来修复这把茶壶，并把修好的茶壶巧妙地塞进一个装满了 150 包茶包的漂亮盒子里，盒子用华丽的包装纸包好。

我托人将茶壶和客户最喜欢的香薰蜡烛一起送到客户手中，并附上一张纸条，说我真的感到非常抱歉。尽管这只茶壶不再完美，只能用来展示，但我的客户很认可我所做的努力，也很欣赏我幽默的态度。

还有一次，我为一位客户举办她儿子的两岁生日派对。我从一家信誉良好的经纪公司聘请了一名员工扮演小丑。当小丑出现在客户家里时，我闻到该扮演者身上有非常严重的腋臭味。我想了很多办法掩盖气味，但孩子们不喜欢他，全部大哭了起来。

从那以后，我再也没有和那家经纪公司合作过。由于小丑的出现坏了大家的心情，我一再地向客户道歉，并且未收取那场派对的费用。后来，她继续请我为他们举办了多场活动，包括她的 50 岁、60 岁和 70 岁的生日派对。

即使无法弥补错误，也要有所收获

在某些情况下，你无法纠正错误并留住客户，但这并不意味着你不应该向他们道歉并给予对方某种补偿。你所能做的就是多花点时间，仔细地研究到底发生了什么事情，然后抽丝剥茧，找出事情出错的原因，尽管这个过程可能很痛苦。如果错误是你自己或你的团队犯下的，你是否可以制定新的流程或写一份问题清单，以防止同样的错误再次发生？

有一次，我们在海边举办活动，但我们忘记了查看潮汐时间表，后来海水涨潮，为了使活动能进行下去，我们的团队和现场工作人员只能搬走帐篷和家具。现在，如果我们在海滩上举办活动，我们的问题清单上肯定有"查看涨潮时间"这一项！

好在灾难性错误从来没有发生在我身上，但我听说，有些活动发生了顾客食物中毒事件。纵使宴席承包商退还了所有费用，还做了赔偿，但声誉是无法从类似事件中恢复过来的，只能随着时间的流逝，让它被世人渐渐淡忘。

遗憾的是，今天的互联网是有记忆的，所以这种事情并不容易被人遗忘。我认识一些人，他们做过很了不起的事情，可是在网上，人们首先看到的总是关于他们做错的某些事。

如果头发剪得不好看，它很快就会长出来，但如果焗发或染发出现了问题，影响会是长期的，而且会相当显眼地摆在那里。没有哪家发廊愿意打这样的免费广告。我认识一名模特，她想把自己一头深褐色的头发染成亮金色，结果导致掉发，整整 4 个月没法工作。任何免费理发服务都无法让她重新光顾那家发廊，也无法弥补她失去的收入。

在大多数情况下，如果你及时地向客户做出真诚的道歉，并找到某种方式补偿对方，即使只给客户赠送代金券也好，是可以从错误中挽回声誉的。如果你要为客户更换一件破损的物品，你能承担运费吗？我的一位朋友上网购买了一瓶香水，但过了很久都没有收到货。询问客服，发现对方还没有发货。客服人员立刻向她道歉，并用加急快递寄出了产品，并赠送给她畅销的香水试用产品，还附上一张手写的道歉便笺。

无论何时犯了错，我或我的团队都会主动承担责任，积极对客户做出补偿。所以，直到今天，我仍然和那些客户保持着合作关系。

◼ 黄金笔记

◎ 客户投诉是有原因的。当你在评估客户的投诉时，一定要设身处地为客户着想。

◎ 我们都会犯错。当你发现自己犯错时应该：承认错误、真诚道歉、评估错误、承担责任、缓和气氛、杜绝后患。

◎ 要以真诚的态度道歉。

◎ 投诉或赞美都是数据，你可以用于改善客户体验。

◎ 给予客户一些补偿。接受短期的金钱损失，这样总比让客户不满且永远失去客户要好。

◼ 思考一下

◎ 我是否制定了回复和处理客户投诉的规章制度？

◎ 我是否把投诉视为一种反馈，用来改进我的产品或服务？

◎ 忽视或无视客户的投诉会让我的企业倒闭吗？

THE gold STANDARD

第 **6** 章

THE gold STANDARD

Own Your Brand

保持无畏心态，拥有自己的品牌

CEO

　　品牌是指消费者对产品及产品系列的认知程度。美国市场营销协会则将品牌定义为："**能够表明某个卖家的商品或服务不同于其他卖家的一种名称、术语、服务、设计、符号或其他任何特征。**"你的品牌就是你的身份，也是你与同一商业领域中其他参与者不同的地方，更是你在买家或客户心目中的印象。

　　我没读过大学，也从未学过如何做生意，我几乎是靠自学成才，通过不断地试错积累经验。我的品牌是我唯一值得自豪的东西，因为在我创业的时候，我完全是按自己居家娱乐的方式策划活动。我给予客户的关注和服务和我在家里招待顾客时完全一样。

　　如今我旗下有两家公司，一家是科林·考伊时尚生活公司，专注于举办各类活动；另一家则是兴盛接待服务公司，专注于酒店和接待服务咨询业务。这两项业务都体现出我创业时追求的目标：为客户提供高品质的奢华享受和服务。

"奢华"和"服务"这两个词指引着我们为客户带去了全方位的体验，从客户第一次打电话给我们，到我们在办公室第一次会面，再到整个活动的举办，他们都能感受到奢华和无微不至的服务。

明确定位，专注细分领域并成为行业内最好

当我们在办公室向客户提供咖啡、饮料或餐食时，一定会使用精致的瓷器、金属质地的餐具、优质的玻璃杯。对了，还有熨烫过的亚麻布餐巾，因为它们代表着我们的公司品牌。

想一想：如果客户在我们办公室吃午餐，我递给他一份从街角熟食店买来的三明治，装在一只纸盘子里，上面放着一把劣质的塑料叉子和软塌塌的餐巾，客户会作何感想？他们肯定完全无法体验到科林·考伊时尚生活公司的奢华感，也不想继续留在这里。

我希望我们的客户觉得科林·考伊时尚生活公司的日常生活方式和办公室管理方式完全一致，而且我们会以同样注重细节的态度去策划和举办他们的活动。我不常用"完美"这个词，很多人口中的"完美"其实就是"足够好"，但对于我的客户，我希望他们在迈进公司大门时看到的一切都是真正的完美。

我的品牌涵盖了两家公司业务的方方面面，包括我们办公室的设计风格、我们的名片和文具等，甚至连我们举办活动的现场也是公司品牌的延伸。

我要求员工做到，活动现场必须井井有条，摆放产品的办公室也要井然有序。除了茶水间和吸烟室，任何人都不得在办公室吃东西、喝水、抽烟。员工要根据事项清单和问题清单做事情。瓶装水旁边放着一支"三福"牌记号笔，这样，每个人都可以在自己喝过的那瓶水上做记号，不会造成浪费。

我的策划人和直接与客户接触的员工代表着我的公司品牌。他们知道和我一起出差时，衣着一定要得体。如果我跟客户约在6点钟见面，那我5点55分就会在大堂等候。员工出席活动时，我会为他们支付美发和化妆的费用，让他们展示出最好的状态，带着自信和风度展示自己和公司的面貌。

我们所处的是一个专业化越来越强的时代，最明显的例子可能是医生这个职业。你最近一次去看全科医生是什么时候？即使是家庭全科医生，也有自己擅长的专业。

传统的百货商店销售从家具、厨房设备到衣服和化妆品在内的所有商品，而如今，这种模式已经行不通了，各种提供专业化产品的商店和电商网站如雨后春笋般兴起。

曾有一段时期，拉夫·劳伦和玛莎·斯图尔特等著名品牌在其核心业务之外开拓了多个类别的产品线。那时，任何产品只要有他们的名字，就会被抢购一空。如今，劳伦和斯图尔特已彻底合并了自己的产品线，劳伦专注于奢侈品，而玛莎·斯图尔特也不再把她的名字用在油漆等无法赢利的产品上。

品牌意味着信任。在家庭电视购物网上，名人们推销一些既非他们亲手设计，也不是他们日常穿戴的珠宝，这种做法以后再也行不通了。

THE gold STANDARD

> 今天的消费者都希望你专注于某个领域，
> 你给他们提供的产品或服务是行业内最好的。

‹ ‹ ‹

这并不意味着你必须降低标准才能实现多元化发展，你要牢记自己的使命，全身心投入并保持无畏的心态。在科林·考伊时尚生活公司，我们创建了 3 个部门，为不同消费层次的顾客提供相应的奢华体验和服务。

创立兴盛接待服务公司时，我们借鉴了科林·考伊时尚生活公司 30 多年来积累下来的设计、活动策划、食品和饮料服务、运营、编程、营销和生产等方面的经验，并将它推向一个全新的市场，帮助该市场的从业者创造出具有独特特色的客户体验并维护、提升顾客的忠诚度。我们的服务对象包括：酒店、乡村俱乐部和餐馆。

希尔顿集团就是搭建品牌体系架构的典范。他们没有试图去满足所有人，而是希望能够为每一个细分市场，即高端、中端和低端

市场分别提供特色服务，并在所有这些市场保持竞争力。

在对价格敏感的低端市场，希尔顿集团推出了希尔顿花园客栈；逸林酒店、合博套房酒店主要为顾客提供中端服务；康莱德度假酒店和华尔道夫酒店则为顾客提供高端服务。上述所有酒店品牌都隶属于希尔顿集团，如果你有逸林酒店的会员积分，就可以在希尔顿旗下的任何一家酒店使用它们。

想让消费者了解你所创立的品牌的内涵，你就必须学会大刀阔斧地做减法。首先，你的品牌要有明确的定位，要有所为，有所不为。

智选假日酒店为顾客提供价格合理的住宿以及有限的服务和设施，他们会为顾客提供洗衣房，但不提供客房送餐服务或环境优雅的堂食餐厅，而他们的顾客也不指望酒店有这些服务和设施。

纽约市的瑞吉酒店极为奢华，房间的浴室里铺设了意大利进口的大理石，并为顾客提供 24 小时管家服务。除了历史悠久的科尔国王酒吧，瑞吉酒店还有富丽堂皇的餐厅，好几间迷人的舞厅，停车场为顾客提供代客停车服务。入住瑞吉酒店的顾客期望得到最高水平的客户服务，并愿意为此掏钱。

智选假日酒店和瑞吉酒店都为顾客提供住宿服务，但这两个品牌的受众不同，顾客对自己能够得到什么样的体验心里都有数。智选假日酒店的顾客入住时，如果发现房间里没有冰镇香槟，他们不会感到失望。但如果瑞吉酒店的顾客走进设计独特的套房，没有看到冰镇香槟，他们肯定会无比失望。

找到愿景、使命、指导原则，亲手创立你的品牌

如果你希望自己的企业繁荣发展，就必须创立和维护品牌。有些公司会花费数万美元请顾问和专题小组来帮助他们做这件事，但你不必仿效这种做法。只要遵循以下 5 个原则，你就可以亲手树立自己企业的品牌形象。

1. 明确你的业务范围，并确保你的产品或服务比竞争对手更好或与众不同。你不可能从事所有业务，也不可能满足所有人的需求。

2. 用一句话来描述你的业务。只有明白自己在做什么以及如何做，你才能不断地满足客户的期望。

3. 制定长期目标和短期目标，并确定如何实现这些目标。

4. 确立你的指导原则。

5. 把你的愿景（即你想成为谁）和你的使命（即你如何达成这个目标）结合起来。

你要为企业设立愿景。作为领导者，你的愿景就是你未来想成为什么样的人和想做什么样的事情。这个问题必须由你自己回答。你要亲自制定愿景宣言。愿景宣言是无法通过研讨会讨论出来的，即便你只是请别人帮助你完善措辞，那也不行。

我给兴盛接待服务公司设立了这样的愿景：与受新冠疫情影响的接待服务行业的公司合作，通过改善客户服务、客户规划和室内设计，帮助它们在市场竞争中脱颖而出。因此，我们的愿景宣言是：创造一种无与伦比的客户体验，使顾客的所有感官体验与我们的服务和谐一致。

使命是指你当下正在做的事情以及它怎样帮助你实现你的愿景。愿景和使命要保持一致才能持续维护你的品牌形象。

使命宣言则告诉人们，是什么促使你去做当下正在做的事情。它阐明了你的目标和实现目标的方式。用四五个句子把你正在做的事情或产品特点告诉别人并不难，但从第二个句子开始，听众的注意力就已经不集中了。所以，你的使命宣言必须浓缩成一句话，这个过程极为重要，它会迫使你专注于定义自己的核心业务，用准确的词汇来描述你是谁以及你在做什么。

THE gold STANDARD

> 丽思卡尔顿酒店的使命宣言：
> "我们是为淑女和绅士提供服务的淑女和绅士。"
>
> ‹ ‹ ‹

使命宣言是整个公司运营的基石，也是你与客户进行所有沟通、互动以及你如何为客户提供服务的基础。它告诉客户，当他们使用你的产品或接受你的服务时，可以期待得到些什么。

传奇酒店的经营者、丽思卡尔顿酒店老板兼前总裁霍斯特·舒尔茨曾这样定义自己的品牌："我们是为淑女和绅士提供服务的淑女和绅士。"这份简单的使命宣言在全世界引起了共鸣，没有哪家酒店的高管不知道这句名言。它不仅为顾客设定了标准，也为酒店的员工和整个酒店行业设定了标准。酒店的每一名员工，无论他们从事哪个岗位的工作，公司都尊重他们和他们所从事的工作。

我在前面提到过，只要能解决问题或让客户满意，丽思卡尔顿酒店允许任何一名员工花一定数量的钱当场解决问题或满足客户需求，即使门卫和清洁工也有这样的权限。每名员工与顾客的互动都是在这一前提指导下进行的，也正因为如此，在众多豪华酒店品牌中，丽思卡尔顿酒店树立了黄金服务标准，美名经久不衰。

如果企业没有设立愿景和制定使命宣言，那么当你把公司的3 名员工叫到同一间会议室，问他们公司的使命是什么或者如何看待公司时，你会得到3 种不同的答案。如果你希望团队所有人同心协力，朝着同一方向前进，并为实现同样的目标而努力，那么，无论组织大小，每一名成员都必须参与其中。要做到这点，需要他们每个人全身心投入这个过程当中。

只有明确企业愿景，清楚使命宣言的员工才能说出同样的答案。虽然企业是你的，愿景也是你的。但是，起草使命宣言并不是管理层的专属职责。你要和团队一起探讨使命宣言的内容，因为你希望每个员工都能接受它。探讨使命宣言不是为了告诉员工该写些什么内容，而是为了启发他们，把宣言写得更好。写一份使命宣言可能要付出不少努力，但最终的内容不应该太过复杂。你要用尽可能简练的语言表达出主旨，这才是最重要的。

为了给兴盛接待服务公司制定使命宣言，我从不同的部门调集员工，组成一个跨部门讨论小组。我们坐下来各抒己见，说出自己对公司使命的看法。把这些看法转化成语言之后，我们两三个人组成一组，继续分组讨论。

我们是一家小公司，所以分组人数较少。如果你的公司规模较大，每个讨论小组的人数可以更多些，但我建议你把人数限制在8人以内。必要时，可以组织更多讨论小组。即便公司只有你一个人或者只有几名员工，这里所说的原则也同样适用。

这些小组分别开会30到45分钟，它们的任务就是为兴盛接待服务公司起草一份使命宣言。当我们结束分组讨论、重新聚在一起时，各小组的使命宣言都会描述相似的内容。实际上，这个方法相当简单有效。

我们的讨论小组要回答以下问题：

◎ 我们公司的主要目标是什么？

◎ 我们为什么要做当下正在做的事情？

◎ 我们要做什么？该怎么做？

◎ 我们如何确定目标已经成功实现？

我们分成三人或四人小组来讨论和回答这些问题，然后重新聚在一起，对比我们的答案：

我们成立兴盛接待服务公司的理由如下：

◎ 帮助人们把热情和激情重新注入他们的企业当中。

◎ 为未来创造一项赢利的、可持续发展的业务。

◎ 寻找机会，提升主动服务的创新能力。

◎ 创建一个互助社区，分享最佳实践经验并相互激励。

◎ 引导消费者，使其了解我们服务的价值。

◎ 培育整个行业，提高人们对接待服务业行为准则的期望，从而挖掘该行业的巨大潜力。

◎ 创建一个可进行关系建模和关系营销的平台。

讨论结束后，我们得出了兴盛接待服务公司的使命宣言：我们的使命就是让每一位顾客获得更丰富的体验。

使命宣言由指导原则或核心价值观作为支撑。每家企业都需要一套指导原则，它们是企业文化的支柱。

当你的原则或价值观，即别人如何看待你或评价你与常识和智慧相结合，将给你的愿景，即你对企业未来的展望和使命，即你想如何实现你的目标注入活力。

指导原则可以是一段陈述，如果你喜欢提问的话，指导原则也可以采用疑问句的形式，对受访者所说、所想或所做的事情连续发问，比如："这是实情吗？这对所有相关人员都公平吗？它会带来商誉和更友好的关系吗？这对所有相关人员都有利吗？"

在 NetJets 公司，我们会给飞行员发一张不锈钢材质的卡片，让他们放在钱包里，卡片上刻着企业的愿景和使命。你可以考虑为自己的团队做类似的事情。如果他们要做决定或正在与客户打交道，卡片能随时提醒他们谨记原则。

就像愿景和使命宣言一样，指导原则也不应太过冗长。我个人认为内容越少越好、越简短越好。要尽量少用单词，4 到 8 个单词是最理想的。在科林·考伊时尚生活公司，我们有 7 个清晰并容易被记住的原则，它们用最少的语言表述我们想成为谁、如何实现目标以及我们在销售什么。

风格：拥有独特的外观和样式。

质量：品质卓越。

正直和尊重：诚实、真实，尊重每一个人。

激情：全身心投入。

智慧：有条理、注重细节、善解人意。

优雅：朴素高雅、简单精致。

乐趣：感受喜悦。

在兴盛接待服务公司，这 7 个原则分别是：

诚实：保持透明度，做正确的事。

关心：多付出一点，真正发挥自己的作用。

创新：要大胆表达与众不同的观点，但一定要务实。

纪律：坚持不懈、始终如一。

揭示机遇：寻找别人忽略的东西。

建立积极和强大的情感纽带：与客户接触时，以同理心关心客户，给予客户感动和惊喜。

给客户提供价值：努力变得更好。

合作：与客户同呼吸、共命运，履行承诺，赢得信任。

传达品牌主张，并毫不妥协地践行承诺

你可能会觉得，三四条指导原则对你来说已经足够了。就像用一句简单的使命宣言就可以定义你正在做的事情一样，你要关注这些指导原则的核心内容。

当你制定了指导原则之后，务必令行禁止，不要妥协。如果你

经常破例，你的服务或产品质量就会有下降和受损的风险。

假设你所宣扬的指导原则之一是正直，而且你告诉客户，你不会收取供应商佣金并将这些成本转嫁给客户。如果你决定破一次例，并把破例变成习惯，却在公开场合宣扬你没有这样做，那你的信誉就会一落千丈。

以下是一些行业领导者的愿景、使命宣言和指导原则的典型例子，你还可以在网上搜索到更多。他们之所以能成为行业领导者，是因为他们敢于表述自己想做什么，然后把想法付诸行动。

谷歌公司所做的一切都围绕着它的使命宣言。你有过用谷歌搜索引擎查不到信息的经历吗？

愿景：点击鼠标，全世界的信息触手可及。

使命：整合全球信息，供大众使用，使大众受益。

指导原则 / 价值观：关注用户，则一切水到渠成；快比慢好；网络社会需要民主；不做坏事也能赚钱；未知信息永远存在；仅有优秀是远远不够的。

微软公司的愿景不只是为生产硬件和软件服务，还推崇"事在人为"的理念。他们努力成为可持续发展的引领者，并推动职场的多样化、包容性和透明度。微软公司的使命宣言表达了他们事在人为的理念，这些理念和价值观最终形成了微软公司的企业文化。

愿景：让全球的人们以及企业充分发挥潜能。

使命：让地球上的每一个人和每一家组织都能够实现更多成就。

指导原则 / 价值观：创新、可信赖的计算机技术、多样性和包容性、企业的社会责任、慈善事业和环保。

从表面上看，优步只是一家拼车服务公司，但他们的使命不仅仅是把乘客从 A 点送到 B 点。他们更希望借助科技为乘客带来新的机遇，帮助他们结识新朋友、探索新地方。

愿景：运转世界，点亮机遇。

使命：在任何地方、对任何人都像流水一样无处不在。

指导原则 / 价值观：立足本地，放眼全球；客户至上，求同存异；为应所为，有主人翁精神；坚持不懈；重创意、轻等级观念；敢于大胆冒险。

来福车是优步的竞争对手，其愿景内容比绝大多数公司都长，明确表达了该公司要致力于服务本地社区和民众的意愿。

愿景：让我们携手改变世界的运转方式，缩小城市的通行距离，用交通和科技把人们联结在一起，缩小彼此之间的隔阂。我们认为，社区是未来世界的驱动力；未来从你开始。

使命：用交通重新把人们连结在一起，使社区更加团结。

指导原则／价值观：做好自己，激励他人，实现梦想。

电动汽车让特斯拉世人皆知，但它的雄心壮志和使命远不止于此。

愿景：创建21世纪最引人注目的汽车公司，让电动汽车引领交通运输业。

使命：加速世界向可持续能源转变。

指导原则／价值观：竭尽全力、敢于冒险、彼此尊重、持续学习、注重环保。

有时候，公司的愿景和使命之间一致性很高，使命宣言表述的就是企业领导者的愿景。例如，全食超市把愿景和使命宣言结合起来，确立为他们的目标宣言：

我们的目标是滋养人类和地球。我们是一家受目标驱动的公司，致力于为食品零售商设定标准。

全食超市时刻谨记质量第一，他们的指导原则包括：品质至上、提供纯天然和有机的食品、注重客户满意度、以促进员工和股东的健康为福祉、建立双赢的伙伴关系，以及促进社区居民的健康、营养和福利。他们还制定了具体的领导原则，即顾客至上、长线思维、下放权限、不断提升、互相信任、目光远大、物尽其用，或者说"少花钱、多办事"。

TED（Technology Entertainment Design）是一家非营利组织，它通过资助不超过 18 分钟的短片来传播技术、教育和创新设计。这些短片用超过 100 多种语言向大众普及你所能想象到的话题。他们的使命和愿景宣言简短有力："传播思想。"在描述 TED 的本质以及他们的驱动力时，他们阐述了自己的愿景和指导原则：

> TED 是一个全球性的社区，我们欢迎来自每一个学科、每一种文化的人们，他们希望更深入地了解这个世界。我们坚信，思想的力量可以改变人的态度和生活，并最终改变世界。TED.com 正在建立一个供全球最具创造力的思想家自由交流的场所；一个由充满好奇心的人们组成的社区。每一年，他们都可以在世界各地举行的 TED 和 TEDex 活动中相互接触并交流思想。

小公司完全可以采用愿景和使命宣言相结合的方式，比如，律师事务所的愿景和使命宣言可以是"为每一名被告提供最无懈可击的辩护"。

制定短期目标与长期目标

　　每家企业都需要制定长期目标和短期目标。你需要明确：目标是什么？短期目标和长期目标分别是什么？什么时候设定目标？什么时候需要更新目标？我们不仅要为整个公司设定这些目标，还要为 IT、设计、产品研发和销售等每一个部门订立目标。

　　你的长期目标是通过短期目标来实现的，而短期目标是能让你达成长期目标的每一步。把你的长期目标分解成较小、较容易实现的指标或目标，让你更容易跟进团队的工作进展，并在必要时调整方向。成功举办一场活动需要完成很多不同的小目标，包括及时交付、更具竞争力的价格、为活动的每一个环节提供更多选项。

　　在科林·考伊时尚生活公司，我们的长远目标是：

◎ 成为美国和全球知名的接待服务品牌和战略合作伙伴。

◎ 成为杰出的体验式活动策划公司。

◎ 为客户创造无与伦比的感官体验。

　　我不喜欢为各部门强行制定目标。我很清楚策划一场精彩的活动需要做些什么，却不一定要知道我的平面设计师如何才能更高效地开展工作。与其给团队制定目标，我更愿意让团队共同制定自己的目标。

　　我们会一起回顾我们的愿景和使命宣言，并要求团队成员告诉我 10 项改进措施，比如：改进措施可以是简化创意过程、重新整理和更新客户数据库、采购或编写新的设计软件，也可以是制定一份检查清单或项目跟踪表，让项目的每一个参与者都能够看到。

　　你要确定哪些小目标应该被采纳，并对目标清单进行分类，以免目标过多，令你的团队不知所措。

　　部门目标确定后，要由该部门来决定下次会议之前可以达成哪些子目标，并制订行动计划来实现子目标。只要目标是可以实现的，就算超出他们的能力范围也是可以的。

　　第一次会议结束后，你可以制定一份持续进行的会议时间表。小公司可以每年举行一次大会，制定年度目标，然后与所有部门每季度开一次例会，以跟进各部门完成目标的进度。各部门则制定一份月度会议时间表。若公司规模较大、组织架构较复杂，则可能要每月组织一次部门会议，每季度举行一次事业部会议，每年或每半年召开一次董事会议。

　　我的团队每年、每季度、每月和每周都要举行部门会议。举行这些会议的目的是让每一名员工都了解项目的进展，这也是一种让员工对彼此负责的方式，因为设计部门和营销部门的工作会对 IT 部门产生影响，而 IT 部门的工作则会影响到公司的每一名员工。

　　每年年初，公司各部门主管会和我一起制定长期目标、短期目标和行动计划。这些目标和计划清楚地表明了我们在这一年中需要做些什么。月度和季度会议持续时间不超过一个半小时，每名主管都有 20 到 30 分钟的时间来汇报他们团队自上次会议以来达成了哪些目标；哪些工作是有效的；哪些工作是无效的；在实现目标的过程中遇到哪些障碍；具体取得了哪些成果。

他们做完汇报后，我们会发表评论，给予反馈、协助和建议，有时还会对他们的说法提出疑问，确保他们达到指标要求，从而实现我们的最终目标。

如果某位员工没有达到指标要求，没能完成目标，我想知道原因何在。我不是为了让员工难堪，也不会对他们大吼大叫，因为有些问题是我们无法预见的。有时候，其他部门的同事更能够发现问题，并给出解决办法。

有时目标之所以没有达成，是出于一些我们无法控制的原因，比如新冠肺炎疫情这样的突发事件就改变了市场的大环境，我们需要重新审视和更新我们的长期目标和短期目标，使公司重回正轨。

举个例子：我们需要一款软件来管理活动经费，于是要求公司 IT 部门定制一款专门管理活动经费的软件，可以追踪付款、预算和进度等事项。不难想象，在策划一场花费数百万美元的活动时，你很可能会犯下严重错误，付出惨痛的代价。

这款软件可供从策划人到会计在内的所有活动参与者使用，通过查阅信息栏，我们可以确保每个步骤都得到有效监督，没人会投机取巧。"公司最新消息"栏的内容能让我们重新审视这款软件，针对它的运行情况给 IT 部门提供反馈，而且这款软件是我们公司设计和编写的，必要时我们可以要求 IT 部门加以更新。

IT 部门的另一个目标是寻找一个新系统来管理我们数据库中的数百张图片，让它们可以随时供办公室和远程访问，这样，我们在制作演示文稿时就可以更迅速地调取图片。

这是一项既耗时又费力的工作，但是，只要把它分解为更易于管理的小目标，就能完成这个任务，比如，创建一个可共享的数据库、确定一个标识／标记系统、确定多少图片可以在哪段时期内编成目录、在实施阶段完成编目工作。

学会预判市场，忠于品牌的同时不断创新

我们的长远目标不会改变，但有时候，我们的衡量指标、短期目标和行动计划会发生变化。通过会议我们能够在商业环境发生变化时随机应变、进行调整，并对类似于新冠肺炎疫情这样的事件做出反应。

我们来看看新冠肺炎疫情暴发的最初几个月里发生了什么。

疫情开始前，食品批发商的主营业务是为餐馆提供食品，而疫情防控期间，食品批发商开始通过互联网直接向普通消费者售卖食品；餐馆也把库存的食材直接卖给顾客，从提供堂食转为提供外卖或预制包装食品，有些餐馆甚至拍卖出售它们的酒窖；酿酒厂把他

们的设备全部用来生产酒精消毒液，不再生产饮品；服装公司则在其产品线中增加了口罩产品。

本着蓝海战略精神，我对变化和创新持开放态度，学会随机应变，对市场做出预判，随着市场的变化而变化，这些对于了解和满足客户需求，确保组织的生存都至关重要。

忠于自己品牌的同时，你还要不断创新，这样才能让你的客户成为回头客。如果你能为新客户创造一个新的市场，就无须与那些提供类似产品或服务的公司争夺同一批客户了。

过去，马戏团从一座城市去到另一座城市表演，它们的表演形式如出一辙，比如：喧闹的音乐、动物表演、杂技演员表演，还出售一些吃了让人闹肚子的食物。这些马戏团的规模有大有小，但年复一年，它们的变化并不大，且都以相同的票价争夺相同的顾客。

后来，太阳马戏团横空出世，为观众带来了全新的体验。每一年，太阳马戏团都会推出一个新的主题节目，配以原创音乐和富有想象力的服装。演出在一个豪华的场地里举行。这种模式标新立异，给观众带来惊艳的体验，尽管门票很贵，但观众很乐于掏腰包。

在新冠病毒肆虐和封城期间，我酝酿已久的一个想法终于得以付诸实施，我创立了兴盛接待服务公司。这家公司借助我们现有的资源，包括人力资源和知识产权来创造一些新的东西，它也是我们为了扩展品牌而做出的合理举动。

过去15年里，虽然我也一直为几家公司提供接待服务，但现在是绝佳的机会，我可以将我在接待服务领域的专长和咨询服务整合起来，创立一个新品牌。目前，我们与 3 家资产管理公司签订了合同，现有项目足以让我们在未来三四年里忙碌起来。

THE gold STANDARD

消费需求的释放和消费结构的变化
将带来新的增长机遇。

<<<

面对挑战，我们充分利用了周围环境所带来的机遇，你也可以这样做。你要研究自己所处的市场，新的商业环境会带来新的机遇。你要思考自己能为客户提供什么产品或服务，并利用好手里的资源，包括你的团队、知识产权、现有库存，以及你的扩张能力。正如医生丰富他们的诊疗手段，开展远程医疗一样，律师或会计师可以提供在线咨询服务。如果你是家庭教师或老师，网络课程可以和线下课程一样有效。我有一位朋友就报了线上大提琴课。

如果你是某企业的供应商，你也可以直接把产品卖给消费者！举个例子，一些牧场主和农场主在新冠肺炎疫情暴发之前的主要业务是把产品卖给餐馆和餐饮服务公司，而现在，他们正在通过强大的电子商务网站和本地农贸市场继续销售他们的农产品，同时，等待他们的主业市场逐步恢复。当这些市场回归时，他们又多了另一种收入来源。

　　大自然保护协会购买了 500 万只过剩的牡蛎，以帮助陷入困境的牡蛎养殖户。他们并没有用这些牡蛎去举办一场盛大的派对，而是把它们放回大海，用于重建珊瑚礁和改善水质。你是否可以做点什么，帮助别人找到一种新的发展模式？

■ 黄金笔记

◎ 言出必行。品牌就是你在客户心目中的形象。

◎ 创立和维护一个品牌对于企业的发展至关重要。

◎ 要随机应变。你不必降低标准、违背使命，也能实现业务的多样化。

◎ 愿景宣言阐明了你的企业存在的原因，而使命宣言则告诉人们你做这件事背后的动机和方式。

◎ 使命要以指导原则或核心价值观作为支撑。

■ 思考一下

◎ 我是否知道我的品牌在客户心目中是什么样的形象？

◎ 我是否为我的企业设立了愿景？

◎ 我和我的团队是否制定了一份使命宣言？我们是否阐明了我们的指导原则和核心价值观？

◎ 我公司的长远目标是什么？我怎样才能实现这些目标？

157

第 **7** 章

THE **gold** STANDARD

Lead with the Best Version of Yourself

领导者必须成为榜样，以身作则

黄金服务是自上而下的体验。你是那个为组织的业绩表现定下了基调和期望的人。有这样一种说法：鱼烂先烂头。此言不虚。我发现，公司内部的行为问题，无论好坏，其根源总是在公司的高层。如果公司老板和高管心高气傲，对员工不闻不问，那你也可以从员工身上看到同样的表现。

　　我不喜欢"老板"这个词，也不希望别人叫我"老板"，我更愿意做一名领导者。如果你也希望成为领导者，则意味着你知道自己要如何领导你所创立的公司。并不是每个人都想成为《财富》世界500强公司的首席执行官，也不是人人都能做到。

　　作为领导，我向来以身作则，为员工作表率。有一次，我们在迈阿密举办一场户外婚礼，结果婚礼当天下雨了，我们只能把婚礼移至室内举行，同时要把顾客从酒店里接出来。

　　为了赢得时间，我告诉司机让他载着顾客绕远路赶往婚礼场地，我自己则用垃圾袋制成临时雨具来保护我的燕尾服，然后把我那双高档的鞋子夹在腋下，光着脚，在雨中指挥员工把布置场地的道具搬到室内的新场地。我的员工知道，为了工作，我会跪下来捡起一张餐巾或者亲自打扫厕所，所以他们都以我为榜样。我的每一名员工都会不惜一切代价完成自己的工作。

作为公司的领导者，我个人的生活标准和我的职业标准是完全一致的，我称之为"表里如一的人生态度"。我认为，尊重、正直和诚实是立身之本。缺少任何一点，你就会身败名裂。

有一次，我去健身房里锻炼，旁边有一个情绪暴躁的人。他把哑铃到处乱扔，我在他旁边很难安心锻炼。于是，我对我的教练说："这家伙怎么回事？他的心情很差啊。"他告诉我，那人是一名诉讼律师，上班前都要来锻炼一番，好让自己的情绪调整到战斗状态。我不禁感到好奇：他的同事和上司到底是什么样的人？

领导者要成为能够深思熟虑的冒险者

我在第 6 章中说过，在制定使命宣言时，你应该让组织中各部门都参与其中。但是，你公司的愿景和你想实现的成就是属于你个人的，且只属于你个人。没有你，你的公司就像是一艘失去船长的船。如果没有愿景和长远目标，你就像是一位没有地图、罗盘或双筒望远镜的船长，根本无法抵达目的地。

当事情变得一团糟的时候，作为领导者，你要挺身而出，对下属说："我们之所以陷入这样的困境，是因为我做了这些决定和选择。无论结果是好是坏，我会承担责任并解决问题。"

对有些人来说，担任领导角色并非一件轻而易举的事情。并不是每个人都能承担领导者的压力或责任。很多人不敢冒险，而领导者必须是一位凡事能够深思熟虑的冒险者。如果你不愿意冒险，打工也许是你的最佳选择。

我和我的公司经历了 20 世纪 80 年代的美国经济危机，我本人经历过"9·11"恐怖袭击、2008 年的金融危机和现在的新冠肺炎疫情。有很多次，我在早上醒来，经济压力如大山一般压得我喘不过气来，但我渡过了难关，因为我在想："我能成功，我可以安然渡过难关，也许我今天无法完成我想做的所有事情，但我可以一点一点来，每天都做一些力所能及的事情。"

我知道，如果我能顺利度过一天，就可以顺利度过第二天，然后第三天、第四天。现在，我已经成功地渡过了难关。唯有稳扎稳打，方能无往而不胜。

人类前进的动力来自信心和恐惧感。自信的人敢作敢为。你要鼓起勇气叩开客户的大门。我相信，当我通过努力获得一场活动的举办权时，一旦客户选择了我，我可以做任何我需要做的事情，确保活动办得成功，让我的客户感到满意。恐惧会让你产生如履薄冰的感觉，这是好事。

如果你担心失去自己所看重的东西，比如你的声誉、客户，或者担心因为没有作好准备而犯错误或失败，你就会集思广益，并努力在你的计划中寻找瑕疵、制定应急预案，为成功做好所有的工作和准备。

团队成员应技能互补，而不是技能复制

即使是天生的领导者，也会缺乏管理技能或财务技能。如果你知道自己的综合技能存在弱项并且需要改进的话，那就去求助更专业的人吧！也就是聘请具备相应技能的员工。

如果你是一位很厉害的律师，为很多知名的客户提供法律服务，但你的银行账户经常透支，那么，你就应该雇人来管理律师事务所的财务和工资。你的身边要有一群人，他们各自身怀绝技，能弥补你技能方面的缺失。

我非常非常清楚自己拥有哪些技能，我也意识到自己不擅长哪些事情。我无法理解错综复杂的财务工作及其原理，于是我聘请专人来管理公司财务。在我认识的人当中，他们两个是最聪明的。然后我如法炮制，在熟人当中物色了几名策划人。我知道科林·考伊举办的派对或活动应该是什么样子的，也知道我想给顾客提供什么样的体验，但我不会每次都亲自举办活动，而是依靠那些有能力的人去做，并给予他们充分的授权。

　　如果你不想原地踏步,这才是关键所在。员工能够让你裁长补短,使自己变得更优秀,正如我之前说过的那样,达到 1+1=3 的效果。一个人要找到两个或两个以上的人来提供支持、互补技能,直到形成一个组织,每个人都做自己所擅长的事情。

　　你能够成为最好的自己和一位值得追随的领导者,要归功于你的内部客户,也就是你的同事和外部客户。换言之,你要像对待客户一样尊重你的员工。当你有好消息时,要及时与员工分享,而遇到坏消息时,如果有必要,再跟他们分享。分享好消息很容易,我总是会第一个庆祝团队取得成功,可当事情进展不顺利时,所有人都在指望你掌控局面。

　　杜鲁门总统曾说过,"责任止于你"。公司以我的名字命名。所以我是最终的负责人。我不会盲目乐观,但我确实尝试着用积极的态度去看待事情。我想积累更多经验教训,不断寻找改进的机会。我也相信,我的团队有权利了解公司的现状。

　　我们为世界各地数以百计的顾客举办大型活动,与《财富》500 强公司、国家元首和非常富有的客户合作,他们的要求都极高。不过,我的管理风格是放权。我相信,优秀的领导者必须懂得放权,让员工去做他们擅长的事情,因为这正是你聘请他们的目的。很多领导者不肯放权,觉得自己必须事事躬亲,但这样会对员工造成阻碍,导致工作无法顺利进行。

　　我尊重团队中的每一名成员。公司是我的,愿景也是我的,至于如何才能把事情做好，我当然也有自己的想法。然而，我只给员工指明方向，剩下的事情由他们决定。我不会每隔 5 分钟就去巡视员工，但无论我的团队在做什么，我都相信他们比其他人做得更好。我给员工充足的空间，他们可以对自己工作中 80% 的事情做决策，而且是独立决策。

你要学会倾听。如果你不倾听员工的心声，就无法做出反应；如果你不能做出反应，就无法灵活处理问题；如果你不能灵活处理问题，就无法自如地应对局面。

领导层要着眼未来，因为你的竞争对手每天都在观察你所做的事情，并琢磨着如何才能把这件事做得更好。英特尔公司前首席执行官安迪·布莱恩特为自己的书起名《只有偏执狂才能生存》（*Only the Paranoid Survive*），这种说法不无道理。

谈及倾听的重要性时，我所指的不仅仅是倾听高管团队的意见。很多人都这样经营他们的企业：每一层级的员工只与他们的上级交流，信息层层上传，最终到达首席执行官或企业主那里。这就像小孩在玩传声游戏，难免会造成信息混乱。

你要倾听组织中每一个人的意见，因为你永远不知道某个人会带来什么信息，而你希望这些信息没有经过人为过滤。可能有些事情你没有看到，因为你的视角是自上而下的。

你的客户从外部观察你的企业，你的员工则从基层的角度看问题，他们都有可能看到了一些你看不到的东西。你之所以要倾听，是因为倾听能够获取知识，而知识就是力量。

我第一次去 NetJets 公司时，与管理层的每个人都交谈过，包括候机楼负责人、租户服务部负责人和其他各个部门负责人。我了解到很多关于如何经营一家全球航空公司的知识。我从飞行员和空乘人员那里了解到飞机的工作原理。我从地勤人员和行李装卸工那里得到我认为最有价值的信息，因为他们经常和客户一起去取车，跟客户聊天。

为创意制定可行性方案时，有些事情是你需要考虑的，而有些事情是你不需要考虑的。但对我来说，这很难，因为我"知道"自己擅长创意，并且会迫不及待地把我的想法告诉大家。但是，除非你的建议能够面面俱到，否则，你很难做出完全正确的决定，以此推动项目或新方案的进行。

我不是要你放弃自己的观点，而是建议你倾听，因为倾听能让你学会从不同角度去思考问题。我是世界上最乐观的人，我自认为没有什么事情是我们干不了的。但我们的总裁兼首席运营官斯蒂芬·巴罗尼（Stephan Baroni）却很理性，他会把我从幻想中拽出来，重新回到现实，让我在热情与现实世界的数据和信息之间保持平衡，有时候这的确是必要之举！

我认为，你必须倾听每个人的意见，尽可能多地获取信息，然后做出决策，这才是最合理的做法。我们的政策基于合理的推测和企业的基本面，并结合行业的整体趋势和我们的愿景。如果我们想更改或更新政策，就要清楚地了解它是如何制定的，以及制定该政策的初衷是什么。

有些人不喜欢反馈，这种管理风格是有问题的。如果你管理团队时奉行"顺我者昌逆我者亡"的原则，那你手下最优秀的员工可能会另谋高就。有一次，我打电话给一家大公司的首席执行官，反馈他的企业存在哪些问题，并且阐明我不再使用他们公司服务的理由。他找了另一个人来处理我的投诉，而那人恰恰就是造成这种局面的人之一。结果我的反馈被对方置若罔闻，所以，我再也没有光顾过他们公司。

如果你希望客户给予真实的反馈和有用的信息，那怎样才能让客户更容易接触到你？我知道，很多首席执行官和经理希望有坦诚的企业文化，但他们的员工并不愿意说老板不爱听的话，因为员工不愿承担说真话带来的风险。

请反思一下你的管理风格。你是否只跟自己的直接上司沟通？你是否允许部门经理过滤掉其他人所关心的事情？或者你认为自己无须多管闲事，因为这些都是人力资源部门需要操心的事情？

你看过《卧底老板》（*Undercover Boss*）这部真人秀吗？首席执行官或老板们隐瞒自己的真实身份，亲临公司一线，和普通员工一起工作。当他们了解到公司的运营方式以及员工对公司及其上司的看法时，顿时感到惊讶不已。

我一直期望并鼓励我的团队在开会时畅所欲言，我也喜欢一对一的谈话。与其道听途说，我宁愿直接去寻找消息来源。我明确告诉我的员工，我奉行开诚布公的政策，但我也知道，有些人可能不想和我交谈。

我经常会在快下班的时候走进某个员工的办公室，问他："最近忙些什么？你在做什么项目？项目进展顺利吗？你有哪些问题需要我来帮你解决吗？"

我所在的公司不是大型公司，我也不是传统意义上的首席执行官，但我有一个快乐的团队。无论工作中发生什么事情，我都能掌握第一手信息。因为我直接和员工交流，公司的其他管理者就无法有倾向性地过滤信息，只说一些他们觉得我爱听的话。

对于那些撸起袖子干具体工作的人，我喜欢聆听他们的想法，因为他们能听到和看到我无法听到和看到的事情。他们经常与我们的创意伙伴交流，而后者永远不会想跟我或我公司里的其他高管交谈。他们还会与我们的竞争对手交流，聊一些行业里的小道消息，但这些也是信息。

说到争取客户或与我们的创意合作伙伴共事，我知道，我肯定不会在对方需求不明朗的情况下盲目出击。我已经学会了等待和倾听，通过提一些问题，让对方说出自己的想法，比如："您的需求是什么？""我知道竞争对手也在跟您联系，那我们得到这份活儿的决定性因素是什么？"只要几个问题，我就能知道自己要把注意力放在什么地方。

我发现，即使存在分歧或有人犯了严重的错误，也要先坚持倾听对方的话，并给对方就此做出解释的机会。因为他们提供的信息对于你下一步要做出的反应极为重要。

培养洞察力，明白何时应该说"不"

洞察力是深入了解事物和问题的能力，以分析信息和关注细节作为基础。我尝试在生活的各个方面锻炼自己的洞察力，比如大到决定承接哪些项目、雇用哪些新员工，小到为我的公寓买一个什么样的新花瓶等。

现在你知道了，我是大刀阔斧做减法的倡导者，而洞察力正是这种能力的一部分。你要审视涉及你业务的每一个领域，比如你为谁工作、谁为你工作、谁是你的创意合作伙伴、谁代表你；然后，你要确定他们对你的企业和品牌是加分项还是减分项。

作为一名永恒的乐观主义者，我很不适合面试员工。因此，大多数情况下我都把招聘团队新成员的工作交给其他人，比如斯蒂芬。他制定了一套流程，流程的每个阶段都要依赖于洞察力。我们发布一个工作岗位的招聘启事，并收到了 200 份回复。很多公司都有人力资源部，负责征集和筛选职位申请人。但我们负责进行第一轮筛选的是 IT 部门的负责人，他会用他的基本标准去审视应聘者。

如果你想知道他为什么是第一轮筛选人，那我告诉你原因：他有餐饮行业工作的背景，还是一名训练有素的厨师。他了解我们目前空缺岗位的运作模式，并与我们的招聘团队配合默契。他为公司工作了十多年，很清楚公司的优势和劣势。如果他筛选出 50 份符合我们要求的简历，就把它们交给斯蒂芬。他们会一起研究这些简历，选出 10 名最有希望被录取的候选人。

我认为，有些美国人能够写出全世界最好的简历。他们会给出最好的承诺，但在兑现承诺方面，他们做得差强人意。挑选简历时，我们更喜欢候选人写下他们在以前的职位上所取得的成就，而不仅仅是职位的描述。然而，即使简历很亮眼，也不一定意味着申请人适合这份工作。

这 10 个人都要来参加首轮面试。如果这次面试顺利，他们将与公司每个部门的负责人见面。例如，IT 部门的负责人要确定候选人是否拥有良好的计算机技能，而对于谁最适合我们的企业文化，我们的创意总监最有发言权，她是女强人，有着无可挑剔的眼光，而且每个人都愿意向她吐露心声。

在你的公司里，除了人力资源部或你正在招聘人才的部门或职位之外，还有谁可以参与到招聘过程中？然后，我们会参考每个人的意见，把他们的反馈信息汇总起来，在前 3 名候选人中进行挑选。过去 5 年里，我们公司只有两名新员工中途离职。

洞察力也适用于你的公司所承接的项目。曾经有人来找我，想让我举办一场看上去备受瞩目且很赚钱的活动，尽管我很喜欢钱，有时候也急需钱用，但最终我还是决定不接那场活动。

如果你想寻找一些细微的线索，就总能找得到。

比如，我一直在和其他人竞争一场大型活动的举办权，而客户根本不谈预算问题；客户不断更改此前双方已经同意的合同条款；客户想让你跟他们的团队合作，而不是和你自己信得过的创意合作伙伴合作；在见面前的最后 1 分钟，他们还在更改会议时间；你想了解一家打算与你合作的公司，却在任何地方都找不到它的注册信息，无法在网上通过简单的搜索找到关于它的任何信息。

这些都是危险信号。有好几次，我都真心实意地想跟客户合作，但当我发现事情有点不对劲的时候，就必须先保全自己，免得招来麻烦，甚至更糟糕的是，你有可能无法获得对方承诺的报酬。

我每年至少会拒绝一个项目。在职业生涯的这个阶段，如果我认为我和客户无法愉快合作，那我宁愿不参与。如果合作刚开始时就充满了猜疑，后面的情况只会变得越来越糟。

懂得何时拒绝别人也很重要。你要充分认识到这世界不是围绕你转的。有时候，即使你很需要钱，但承接这个项目或签下这份合同可能会花费你更多的时间，承受更多压力，没错，有时候还得花钱，可谓得不偿失。

你要明白领导者的角色是什么，明白自己的公司能做什么、不能做什么，这才是你能自信地拒绝客户的基础。这种自信源自你所做的决定、坚持决定的信心，以及对你最擅长的事情保持专注力。

我很想做一档电视节目，但必须是合适的电视节目，而且与我的品牌形象相符。它必须能让我更接近我的目标，展示我的才华和创造力。对于慈善活动，我从不拒绝，我收到过很多慈善机构的信，请求我给它们捐款。凡是涉及儿童、教育、医疗保健或艺术发展的慈善事业，我几乎都会参与其中。

如果客户花了钱，但现实状况导致你无法给予客户他们想要的东西，他们会对这个最终结果感到不满意，你也会不开心。我的客户对我非常慷慨，有的客户给我寄过很多箱葡萄酒。还有一位客户送给我一块爱马仕钻石手表，但在与我们的策划人第二次会面时，他把这位坚强、能干、有才华的女士气哭了。我立即与这位客户解约，归还了钻石手表，并结束了我们的合作关系。我们本来签约一年，而且当时也合作了两周时间。

我认为，如果他在第二次会议上就辱骂我的团队，那以后的情况只会变得更糟。与客户解约不仅能保护我的团队免受客户恶劣行为的伤害，还向我的团队发出了一个强烈的信号：对我来说，他们比钱更重要。

我认为，要了解一个人的本质，关键是观其行，而非听其言。我发现第一印象通常是很准确的，因为人很难改变。如果对方给你留下的第一印象很糟糕，那就很难变好。有人说，酒后吐真言，其实金钱也能达到同样效果。当人们谈论金钱以及他们花钱的方式时，你很快就会发现自己在和什么样的人打交道。

如果你不关心自己，就不可能真正为别人服务。我们可以选择做什么样的人。我有信仰，我在祷告时总是说："帮助我成为最好的自己，帮助我呈现出最好的自己。"

正如在生意场上一样，在个人生活当中，你要不断地努力，成为最好的自己。要呈现出最好的自己，首先要从个人仪表做起。

我定时修剪头发，指甲也修剪得整齐干净。为了保持身材，我经常锻炼身体。为了重回 23 岁时的体重，我逐步改善饮食结构。我的衣服干净整洁，熨烫得服帖平整，我坚信，穿着讲究永远比穿着不得体好。我感觉自己状态良好，因为我选择关心自己，也正因为我状态良好，所以我看起来很精神。

关爱自己，在工作和生活之间划出界线

给人留下积极乐观的第一印象，这是我一贯的目标。如果我约你见面，那我肯定会提前两分钟到达见面地点，因为如果我迟到了，就得向你道歉，而在开口道歉那一刻，我们的互动就有了一丝消极的阴影。

我的家庭生活也反映出同样的人生哲学。我和我的管家已经合作了 25 年，在新冠肺炎疫情暴发的头几个月里，她无法上门工作，但无论你什么时候来我家，我都会把家整理得井井有条。我把所有衣物洗干净，熨烫好，把银器餐具擦得锃亮，让我们的家纤尘不染。

无论过去还是现在，我家冰箱里永远放着食物和香槟，我随时准备迎接突然造访的顾客。

早上起床后，无论我当天是什么心情，都要做一些晨间活动，准备迎接成功。我把闹钟设置在早上 7 点，醒来后，我用一款手机应用程序在床上冥想 10 分钟，再练习 20 分钟静坐，并想好我今天要做哪些事情。

到了 7 点半，我马上起床，整理好床铺，穿上运动服，喝一杯热柠檬水，然后查看手机信息，外出锻炼，回来洗个澡，穿上衣服，吃一顿健康早餐。每天早上，我都以这种方式开始新的一天。我脸上带着灿烂的微笑走进办公室，向所有人打招呼。

THE gold STANDARD

**制定个性化"神奇的早起"方案，
给自己一个非凡的晨间仪式，开启全新的一天。**

‹‹‹

当然，每个人的生活习惯不一样。对我来说，这套晨间活动是很有效的。不知这样的安排有没有值得你借鉴的？我 20 多岁的时候没有这些习惯，而随着时间的推移，习惯逐渐养成。现在，它已成为我个人特性的一部分。关于晨间活动，我有两句话要说：这些活动是长期养成的习惯，我根本不需要投入思考或努力，只要完成这些例行步骤，我就会在一天剩下的时间里拥有更充沛的精力。

我认为，我们要像爱护汽车一样关爱自己。如果你不停下来休息和加油，就无法继续前行。我常常和许多跨国客户合作，他们位于不同时区，所以我制定了一份灵活的工作日程表。我经常工作到深夜，这是由我所选择的业务决定的。

然而，我也尝试着在工作和家庭之间设定一些界限。我的电脑从不拿出书房，而且在我上床睡觉前，也会把手机留在书房。我从不在餐桌上看手机，因为餐桌是坐下来与家人朋友一起吃饭和沟通感情的地方。

每天我都会留出一段时间，从工作模式调整到夜间休息模式，但这段时间可能不固定。我调暗灯光，点燃蜡烛，然后打开音乐。最重要的是，我会给自己倒上一杯鸡尾酒，这是我应得的奖励。这些步骤完成之后，我才开始准备晚餐。

如果你在办公室上班或有一处营业场所，工作与生活之间则更容易保持必要的距离。新冠肺炎疫情暴发以来，大多数人都居家上班或者做兼职工作，那么，自律和区分工作与生活之间的关系就变得非常重要了。

我有一位朋友是自由撰稿人，他每天早上 8 点半坐在他的办公桌前写稿；11 点钟休息一下，锻炼身体；12 点半吃午餐，然后工作到下午 3 点，再和他的伴侣去散步，回来后工作到下午 6 点。上午 9

点之前，下午 6 点以后，他既不接任何电话，也不回复任何邮件。虽然他的办公桌就是自家餐桌，但他严格遵守自己的工作时间。

我在工作和个人生活之间划分出清晰的界限。当然，有时候我会和生意场上的某个客户成为好朋友，但这是例外，而不是我行事的准则。我也非常清楚，作为公司的拥有者和首席执行官，无论我的举动多么没有恶意，也难免会遭人误解，所以我必须十分谨慎。

为了使工作和生活互不干扰，我以不同的方式招待朋友和同事。我的家只用来招待我的朋友。如果是商务招待，我一定会安排在餐厅或住所外面的场所进行。与员工进行社交活动的场地要么在我们的办公室，要么在餐厅、酒吧或其他场所。我很少单独与团队成员交际，而是会同时邀请团队中的多名成员一同参与。

在办公室，我非常注意自己的言行。情绪是双向的，你要么控制它们，要么受它们的控制。我的团队成员各司其职，他们不需要知道我的婚姻或家庭发生了什么事情。我是公司的首席执行官，应该与员工在情感上保持一点距离，因为领导者有时候必须做出艰难的决定。况且，我认为这样能让员工更加尊重我。

尊重是相互的。你的内部客户，也就是那些坐在你办公桌旁边的员工，和上门来消费的客户一样重要。如今，管理层和下属之间的关系与过去截然不同。

20 年前，当见到首席执行官时，有的员工甚至会打哆嗦。对于企业高管的不良行为，员工敢怒不敢言。那时，高管会在公共场合大声斥责员工，甚至骚扰员工；员工不敢说"不"，高管却可以逃脱处罚。如今，"我也是受害者"（Me Too）运动①开始对那些实施骚扰和侵犯他人的人进行追责。我们的世界已经变了，而且是变得更好。

科技是我们生活中不可分割的一部分，但你没必要让科技替代你的生活。你不必 24 小时随时待命。中断联系和建立联系一样重要！过去，如果晚上 10 点以后电话响起，就意味着发生了事故或有人离世了。现在，人们可以随时打电话、发短信或电子邮件。

有一次我在国外出差，凌晨 3 点给我的团队发了邮件，但他们知道，在纽约或洛杉矶的办公室上班之前，他们不必处理邮件里提到的事情。如果你不在工作和生活之间划出界线，就意味着你不尊重自己。

我从不在卧室里给手机充电，所以它不会干扰我的睡眠。我也不会通宵开着电脑。也许我会从清早工作到深夜，有时候到凌晨，但我从不在卧室里工作。

我们都需要培养一点耐心。过去，为了观看自己最喜欢的电视节目，你得等上一周时间，才能看到更新的一集，如果这时候你不在家里，那就太糟糕了，只能希望电视台到了夏天再重播。而现在，你可以在一个周末连续看 3 季的电视剧。我们已经忘记了要花点时

① 2017 年 10 月，美国女星艾丽莎·米诺兰等人发起"我也是受害者"运动，谴责金牌制作人哈维·韦恩斯坦性侵多名女星。——译者注

间去做我们想做的事情。我们假装一周有 8 天，1 小时有 80 分钟。

我们的步伐太快，无法真正感受那些有意义的事情，比如边看手机或电脑边吃饭，而不是坐下来好好吃一顿饭，或者习惯了一心多用，同时处理多项任务，而不是花时间专注于某一件事，并竭尽全力去做好这件事情。

2020 年上半年，受新冠肺炎疫情影响，我只能居家工作。我发现，我们以前把周围的一切都视为理所当然，并且毫无意识地消耗这些东西。我们前进的步伐太快，没时间享受我们所拥有的东西和当下正在做的事情，而是无休止地奔向下一样事物，寻找更大、更好的东西。

我决定，在前进的路上，我要更多地关注内在的感恩和谦恭。我终于有时间可以审视自己生活的各个方面了，在珍惜这段时间的同时，我问自己：我正在尽最大的努力吗？我已经是最好的自己了吗？我还能做得更好吗？我当然可以做得更好！你也可以。

领导者如何寻找支持与帮助？

领导者身上承受着重担，可没人说你必须独自承担。必要时，你可以寻求帮助。我非常相信辅导、咨询和阅读的作用。作为一名自学成才的首席执行官，我曾就读于"不惜一切代价完成目标"大学，主修"挫折"和"失败"专业，毕业论文是《如何东山再起》。我与企业教练和其他人合作过，因为我知道，我还有很多东西要学习，而别人有很多东西可以教我。

我 19 岁时，诺曼·文森特·皮尔博士的著作《积极思考的力量》（*The Power of Positive Thinking*）给我上了人生的第一堂企业辅导课。它改变了我的思维方式，教我对任何事情都要持积极的态度。它还教会我：不应该带着怀疑的眼光去看待问题，这有助于建立你的自信心。怀疑不是你身体的一部分，它并非与生俱来的。你要把自己训练得积极乐观。书上说，尽量不要使用"如果""可能""当……""也许"之类的词汇，因为它们会让你产生怀疑，而不是把自己变得积极乐观。

如果你的狗生病了，你就要带它去看兽医。如果你的车出故障了，你就要去找修理工。如果你的身体不舒服，你就要去医院。如果你的企业经营不善，你就要找个企业教练来帮助你提高管理水平。

企业教练可以给你提供指导和工具。也许你遇到了以前从未有过的某种状况，但几乎可以肯定的是，企业教练对此早已司空见惯。当你能借鉴别人的经验时，又何必要通过犯错来积累经验呢？

几年前，我发现公司的几个团队之间产生了一些矛盾。我们原本健康的企业文化已逐渐演变成了说长道短和诽谤中伤，我急需外部的帮助来创建新的工具和规章制度，重建我们的企业文化。

我曾经和一位生意伙伴关系破裂，导致我们公司遭受了损失。无论对我本人还是我的职业生涯而言，那段时期都是至暗时刻，我需要别人的帮助来摆脱困境。"9·11"恐怖袭击事件之后,我欠下了高达数百万美元的债务,我需要有人拉我一把,以从债务深渊里爬出来。

找什么样的教练来辅导企业?这个问题至关重要。你必须提前了解教练的背景,外界对他们的评价,然后跟四个曾与他们共事过的人交谈。也许企业教练或顾问有你需要的答案,但它适合你的企业文化、做事方式和风格吗?你能彻底采纳他们的建议吗?如果不能,你就是在浪费自己的钱。

承诺和决心是你前进的动力。如果你承诺了做某件事情,就得言出必行。我发现,承诺往往很容易,但实现承诺的决心和行动才是最难的。只有制订了计划,承诺才会起作用,否则它只是口惠而实不至。你的诚信也会大打折扣。

承诺、决心和纪律,是你梦想成真的关键

年少时,我觉得全世界都必须听我倾诉自己的雄心抱负,而随着年龄的增长,我逐渐意识到一点:在没有完成目标之前,最好不要夸夸其谈。

2020年3月,我发现公司活动筹划部门当年的收入要到2021年才能实现,这足以让我大哭一场了。外面寒风刺骨,天色阴沉,我穿着灰色的衣服,心情也跟我的衣服颜色一样灰暗。我就这样痛苦

地过了两周时间，然后，在某个周一早上，我早早起床，刮干净胡子，穿好衣服，打开 Zoom，开始为创立兴盛接待服务公司做准备。

我和公司的同事制订了完整的商业计划，并于 2020 年 6 月推出了新公司的网站，之后我才与公司以外的人讨论这件事。公司开始运营的头 3 个月里，我们就与 3 家大客户签订了合作协议。

当你代表自己的组织做出承诺时，你的团队必须参与其中，即便有人并不积极，每个组织都有这样的人，但是他们才是做具体工作并实现你卓越创意的人。

决心就是你内心澎湃的动力，它会对你说："我能做这件事，我要做这件事，我可以坚持下去，我能实现我的想法。"自律是一种自我控制力，它让你专注于自己的目标，并在事情没有按你预想的方向发展时帮助你坚持下去。

决心与信心密切相关，除非你充满信心，否则你就不可能有决心，如果你信心满满，就需要决心和自律来实现你的想法。信心来自过去的成就和信守承诺，即承诺过的事情必须做到。你可以通过制定规章制度来实现自己的目标，从而形成一种成功的循环模式，例如：我每天都要进行 45 分钟的锻炼，所以我会告诉自己，"不锻炼"这件事根本不在我的选择范围之内。如果你连续 21 天锻炼身体或做其他任何事情，就会自然而然地养成一种新习惯。

如果你把一个较大的目标分解成较容易实现的小目标，那么，每当你实现一个小目标时，它就能增强你的信心，并强化实现下一个更高目标的决心。很多人丧失了自信心，因为他们没有遵守自己的诺言或由于承诺过于雄心勃勃而无法实现，或者完全把诺言忘到了脑后。

作为我个人特性的一部分，我今天做的任何事情都是通过承诺、决心和自律辛苦得来的。很多东西都是我想要的。当初我决心离开南非，搬到美国居住。刚到美国的时候，我就立志要成为成功人士，义无反顾地去面对各种困境。我在一家餐饮公司工作，为顾客端茶倒水。我做了自己能做的任何事情。

我想成为世界上最优秀的活动策划人，我想上电视，出现在《奥普拉脱口秀》上，最终梦想成真，担任了17场节目嘉宾。我想成为一名作家，而现在，我正在写我的第11本书。我致力于实现这些目标，决心付出一切努力达成这些目标，并以此约束自己。每当我偏离轨道时，我的目标总是会把我带回正轨。

你还要给团队的每一名成员灌输决心。有些人天生就有决心，有些人则需要经常鼓励和培养，才能形成决心。你要奖励有决心的员工。当我们顺利完成一项复杂的活动或达成一个特定目标时，我们会在办公室里点外卖或出去喝几杯。我们庆祝团队取得成功，并给予员工奖励，这一切都源于我们的企业文化。

打造这种企业文化是你的公司取得成功的关键所在。我们将在下一章中讨论如何做到这点。

■ 黄金笔记

◎ 公司的愿景就是你的愿景。你要为组织的业绩表现设定基调和期望值。

◎ 组建一支团队。聘请员工来弥补你技能中的弱项，而不是复制这些技能。

◎ 倾听组织中每一个人的意见。如果你不懂得倾听，就无法获取信息。

◎ 如果不关爱自己，就无法照顾好你的企业和团队。

◎ 培养洞察力。知道何时说"不"。

◎ 承诺、决心、自律和洞察力等品质是成功的关键。

■ 思考一下

◎ 作为领导者，我是否以身作则？

◎ 是什么让我没有偏离目标？

◎ 我养成了哪些自我关爱的习惯？

◎ 哪些团队对我个人和企业给予了支持？

183

第 **8** 章

THE gold STANDARD

Company Culture Fuels Exceptional Service

自上而下的黄金服务源自企业文化

团队合作、正念、你与团队之间的沟通以及团队的内部沟通都是成功的必要条件。没有它们，你就无法创造卓越服务。

　　我想起我母亲讲过的一个关于辐条的故事。当初应征入伍时，我知道自己不是军队中个子最高、跑得最快的人，当然，我也不是最强悍的硬汉。

　　在我动身前往部队接受新兵训练之前，母亲对我说："你要把自己的军旅生涯看作车轮里的一根辐条，所有辐条聚集在一块，才能使轮子变得坚固。你做的每一个俯卧撑不是为了别人，而是为了你自己。每次他们给你分配艰巨的任务时，你不是为他们去完成任务，而是为了自己，因为你有这样的能力。"

　　我意识到，唯有树立积极乐观的态度，我才能强化我的"辐条"，从而使"轮子"变得更加坚固。我以同样的方式看待我的团队成员：一根辐条无论多么坚硬，都无法推动马车前进，而没有辐条作为内部支撑，车轮就会断裂。把这些辐条以正确的方式安装在车轮内，团结的力量使它们变得更加坚固。

如果一根辐条损坏或断掉，轮子仍然可以正常使用，因为其他辐条可以弥补这根辐条缺失所带来的影响。这是"1+1=3"的另一个例证。

高效的团队从找对人开始

如果你身边有一群聪明的员工，他们可以帮助你取得成功。你的企业需要什么样的员工？在第 7 章中，我阐述了我们是如何聘请员工的，现在让我来告诉你，我和我的团队在引进一名新员工时最看重的是什么。作为领导者，最明智之举就是把合适的员工放到合适的岗位上。如果你知人善任，以后就不会发生解雇员工的事情。

每当招聘员工时，我们会物色那些与我们公司气质相吻合的人。在接待服务业和我们公司里，我们需要有情商、懂礼貌和具备常识的员工。我们寻找天生热情好客的人，这种发自内心的温暖是很难言传身教的，尤其是在短时间之内。

干我们这一行，外表很重要。我说的外表不是指英俊、美貌或穿戴昂贵的衣服和配饰。我们希望聘用那些对自身外表感到自豪且善于呈现自我的员工。如果员工穿着肮脏的衣服出现在你面前，指甲有豁口，还带着口臭，你肯定会感到诧异，或许你已经见怪不怪了。

我们寻找那些有创造力、有服务意识的人，或者用老话来说，我们找的是那些能打破思维定式的人。我们寻找那些专注于把每一个细节做好的人，不管这些细节有多么小。小细节往往能带来大不同。

我们的首席运营官曾与一家餐饮集团合作。该集团在对求职者进行面试时，把面试时间定在餐厅关门后，地点选在了餐厅最里面的就餐区。求职者必须穿过整个就餐区，去见面试官。面试官会把一张餐巾纸扔在求职者必经的路上，如果求职者停下脚步，捡起那张餐巾纸，这名求职者会在该项测试中得分，否则，公司的面试官会认为应聘者缺乏公司所需的特质。

美国最好的餐厅之一法国洗衣店餐厅就是最好的例子。当时，米其林要对该餐厅进行评级，一位匿名的评审员就餐时故意将一张餐巾纸扔到地上，服务员径直走了过去，没有停下脚步把它捡起来，餐厅名厨托马斯·凯勒因此而失去了米其林的一颗星。

这就是面试为何如此重要的原因。通常情况下，我们会先问求职者："你为什么想进入科林·考伊时尚生活公司工作？"然后再提出以下问题。

1. 如果你有兄弟或姐妹，请告诉我，他们会如何描述你这个人？求职者的答案能够让面试官深入了解求职者的个性以及他们与家人相处是否融洽。大多数时候，这个问题会让他们感到惊讶，甚至被逗笑。通过引导他们回答一些与工作无关的私人问题，有助于他们讲出真心话。

2. 请告诉我，在你以前的工作中，最难忘的一天是什么时候？为什么如此难忘？

3. 你是否曾经遇到过这样的状况：上级主管要求你做某件事，而你觉得这件事未必是正确的？如果遇到过，请描述一下具体情况和你做出的反应。

4. 一年当中，你有哪几天是无法工作的？

5. 如果公司要求，你可以随时出差吗？你对出差有何看法？

6. 请描述你在之前工作中遇到的最大难题以及解决这个难题的方式。我们还会询问他们在办公室工作的舒适度水平，以及他们如何看待混合办公模式①。

7. 请谈谈你的管理风格。

8. 假设你买了一辆新车，然后开车经过公交车站，看到几个人正在那里等车，包括你从小到大最好的朋友，她还多次救过你的命、一位需要接受治疗的老妇人，还有一个看起来像你梦中情人的女人或男人。你碰巧知道公交车 1 小时之内不会来，而你的车里只有一个空座位。你会载谁？绝大多数人都会选择载其中一人，但提这个问题的目的是考察面试者能在多大程度上打破常规思维。正确的答案是：你停下车，把车钥匙扔给你的朋友，让她带老妇人去医院，

---

① 混合办公模式即个人、团队或组织一部分时间到工作单位、一部分时间以远程方式办公。——译者注

而你留下来，和梦中情人一起等公交车。实际上，我用这个问题问过 4 个人，只有一个人当场给出了正确答案。

卓越的客户体验是自下而上的。或许你认为某个人是你团队中最无足轻重的，但他却能发挥最重要的作用。前面我说过，无论是前台接待员，还是门卫，客户在你公司遇到的第一个人决定了客户对公司的第一印象，并成为你获取客户信息的重要来源。他们也可能是客户了解你的重要渠道。

我的一位朋友到小镇的一家冻酸奶店吃东西。食物很美味，但店里员工的服务出奇的差。

酸奶店女老板聘用当地的高中生和大学生当服务员，这原本是造福社区的好事，但她既没有对他们进行服务培训，也没有以正确的方式监督他们的工作。店里忙起来的时候，她没有调整人员配置，导致人手不足，服务员上菜速度慢，缺少热情，而且一副闷闷不乐的样子，态度近乎粗鲁。

那家店刚开业的时候，我的朋友就去光顾了，她向一名新员工反映服务方面的问题，可店里的一大群顾客早已让那位员工不知所措。

几周后，她又去那家店，排队候餐的人不算多，但她还是遇到了同样的问题。她与其他顾客聊天，发现这个问题依然存在。从此以后，她再也没有去过那家店，酸奶店苦苦支撑了几个月，最终还是倒闭了。店主抱怨说小镇生意太难做，但问题的真正根源是：就餐经历让顾客感到非常沮丧和不快，所以没人想再去光顾。

随着规模的扩大，很多企业内部开始各自为政，没人知道其他部门在做什么，大家没有共同的目标。

我讲一个典型的例子：2020 年 9 月，家庭健身器械品牌 Echelon 发布了一款定价 500 美元的健身车"Prime Bike"，称这款产品是与亚马逊联合开发的。而就在 Echelon 推出这款健身车几小时后，亚马逊否认与该公司有合作关系。

事后，Echelon 首席执行官称亚马逊曾要求他们以 500 美元的目标价开发这款产品，还称，"尽管两家公司之间的所有往来信件和采购订单都称这款自行车为 EX-Prime Bike……但据悉亚马逊内部团队并没有完全达成一致"。

我经营的是一家小公司，所以，公司里的每个人都比较容易看到同事在做些什么。我们每周二都要开一次例会，回顾我们正在进行中的所有项目。这种方式很好，能够让所有人保持目标一致，荣辱与共。

我在自己的办公室外面放了一块白板，让公共办公区的每个人都能看到。白板上列出了目标项目、正在进行中的项目、待办的大事和待签署的合同。

我认为，它就像一块公司的愿景板，让全体员工专心致志地朝着相同的目标努力。这种方法不适用于大公司或员工比较分散的公司，但是，他们可以用其他方式来传递类似信息，比如，定期发送电子邮件、谷歌共享文档以及其他类型的团队沟通应用程序。

善用激励与授权，与团队进行情感互动

商家与消费者建立情感联系很重要，同样地，领导者与团队之间的情感联系也很重要。我所说的情感联系不是指亲密的感情。你可以关心公司员工或团队成员，但不是成为他们的亲密朋友。

我认为，就像商家与消费者一样，如果我与团队成员没有情感联系，他们就有可能另谋高就。员工就是我公司的资产，而我知道，每天晚上他们下班走出公司大门以后，可能第二天就再也不会回来上班。正因为如此，在"9·11"恐怖袭击或新冠肺炎疫情这样的危机中，如果我必须在给员工发工资和交办公室租金之间二选一的话，我会选择给员工发工资。

THE gold STANDARD

你要照顾好自己的员工，
这样他们才会照顾好你的客户。

‹ ‹ ‹

换言之，除了给予员工最基本的待遇，包括公平的薪酬、医疗保险、养老保险、安全的工作环境以外，你还要让他们知道，你很感激他们为公司做出的贡献。你要对工作出色的员工加以褒奖，员工会很受用。而除了基本薪资以外，分享利润或佣金等激励措施能让你的团队与企业休戚与共，从企业的成功中受益，并提升他们的个人收入。

企业文化是企业向前发展的推动力。当每一名员工都有责任感，并且明白自己的职责，他们能够区分团队利益和个人利益哪个更重要时，你就拥有了良好的企业文化氛围。如果工作需要，他们就会早到晚归。优秀的企业文化源自以身作则和善于倾听的领导者，也源自领导者为员工创造的良好工作环境，更源自领导者以正确的方式奖励员工。金钱不是唯一的奖励方式。

在每周二的例会上，我们都要举行一场名为"传递接力棒"的小仪式。我之所以采用这个仪式，是为了褒奖当月工作出色并以某种方式支持其他同事的员工。次月，这名员工要推举团队中另一名他认为值得褒奖的成员，并告诉我们原因，同时阐明那个人的优点及其取得的成绩。再下个月，第二位优秀员工也要找出一个他认为值得褒奖的同事，把接力棒交给后者。

午餐时，我有时会心血来潮，点外卖请办公室的所有人一起吃，又或者，我们下午开创意评审会时，我会请大家喝红酒或鸡尾酒。如果你的公司有 100 名，或更多员工，在工作时间喝酒显然是不合时宜的，这种做法不值得提倡。你能给团队成员放一天假，让他们庆祝生日吗？授权部门主管可以请各自的团队吃早餐吗？

在科林·考伊时尚生活公司，我奖励员工的方式也许是给策划名人派对的制作人发一些补贴，让他去买件新衣服和一双新鞋子。正如我之前提到的那样，我出钱给筹备活动的女员工做头发和化妆，这样，她们就能充满自信地出现在活动现场，享受和宾客一样的特殊待遇。他们代表着我们的公司和品牌，我希望他们在工作中呈现出最好的一面，并且有自己的独特风格。

我们公开承认和庆祝我们所取得的成就。我希望我的团队觉得他们能从整个公司的成功中受益，而不仅仅受益于他们自己的项目。

每当我们完成一笔交易或取得巨大成功，我就会在办公室里播放音乐，让全体员工都听得到，这样，所有人都可以分享成功的喜悦。只要有空闲时间，我们就聚在会议室或当地的酒吧一起庆祝。我播放的音乐可能老土了点，但这是仪式的一部分，也是庆祝活动最有趣的部分。

在为客户举办活动的前一天晚上，我们会请员工和创意合作伙伴吃晚餐，当然是用公司的钱，而不是客户出钱。聚餐能够提高员工士气，把所有人团结起来，举办一场成功的活动。

为了营造轻松的办公氛围，我们为员工提供上好的咖啡和零食。我们还有一间备货充足的酒吧，供员工下班后搞个即兴的聚会。

如果你觉得好咖啡不重要，那我告诉你一个故事：我认识一位年轻女士，她在一家小型律师事务所工作。事务所的合伙人注意到员工白天要出去喝咖啡，他们担心员工离开岗位的时间太长，于是在厨房里放了一台咖啡机和很多咖啡，把这当作员工的福利。

两周后，合伙人注意到没人喝那些咖啡，只能把一整罐咖啡都倒掉。他们问一名律师助理：为什么没人喝咖啡？助理直言不讳地说："这些咖啡实在太难喝了。"于是合伙人购买了高品质咖啡，并买来纯正的牛奶。

这些小举动产生了良好的效果，对员工和合伙人来说，这是一个双赢的结果。一方面，员工看到管理层认真对待他们的反馈，而另一方面，员工离开岗位的时间也缩短了。

作为一名领导者，你的工作就像走钢丝。你不能逾越雇主与员工之间的界线，然而，你还是要想方设法与员工建立情感联系，但不要把这种关系变成私人感情。我通过给员工提供食物和饮品、去酒吧聚会、聚餐以及探讨企业文化等方式与我的团队保持联系。在这些场合，我们有足够多的事情可以讨论，同时不会越界。

要树立公司形象，还有一些具体的方法。诸如帽子、衬衫、夹克、背包、电脑包和胸牌等带有品牌名称的装备是一种简单有效的识别手段，它们表明使用这些装备的人是你的团队成员。

美国州立农业保险公司的杰克穿着他那件简约的红色毛衣和卡其布裤子，被外界视为该公司的品牌代言人。在加油站，加油工穿着带有公司标志的 T 恤，也能体现出公司的形象。在 NetJets 公司，每名飞行员都会配发一箱带品牌标志的物品作为入职装备。箱子里有一件带飞行员名牌的夹克，带挂绳的工卡，还有一顶棒球帽、一只带 NetJets 标志的水瓶、一瓶防晒霜以及我在第 6 章中提到的关于公司愿景和使命宣言的不锈钢名片。

整合团队价值观，创造归属感

我从事接待服务业，所以我的办公室就代表着我们的企业文化。从室内设计到我们迎接客户的方式，再到我们给客户上咖啡或上茶的方式，所有这些都体现出我们是一家什么样的公司，并把我们的服务水平、对细节的关注程度以及客户可以期待我们提供什么样风格的服务——呈现在他们面前。

我们的团队成员也是如此。没有客户来公司拜访的时候，员工会过得比较"悠闲"，尽管如此，每个人的衣着依旧整洁得体。进入办公室之前，所有员工都会注意自己的仪容仪表。

有一次，一名创意合作伙伴来公司开会，她在电梯里遇到了我们的一位策划人，策划人忐忑不安地问她："我这个凌乱丸子头发型好看吗？如果只有凌乱没有美感的话，我可不敢进办公室。"她向策划人保证，发型看起来是经过精心打扮的，策划人这才放心。

过去，如果员工每隔几年就跳槽，这种做法会为人所不齿。如今，我发现人们很少能在一家公司工作超过两三年。我们希望能留住员工，因为团队任何一名成员的离开都极具破坏性，他们离开时会带走你的一大堆特色产品、服务和创意。

为了满足员工几乎所有的生活需求，苹果和谷歌这样的公司兴建园区，提供从干洗衣服、日托、餐馆到洗衣房等涵盖员工日常生活的各种服务。我们的企业不可能都是科技巨头，那么，你如何才能打造自己的企业文化，从而留住最优秀的员工呢？

良好的企业氛围能鼓励员工反馈问题，并给我们解决问题的机会。我和公司高管们随时准备着倾听团队成员提出的问题。我想直接从员工那里获取第一手信息，了解他们的担忧以及他们认为公司应该采取哪些改进措施。

我是个乐天派，所以我希望我的周围是一群敢于提出尖锐问题的员工，尤其是那些被我忽略的问题。我不在乎这些问题来自我的首席运营官还是新进公司的实习生，我只想让我的团队主动思考和提问，并促使我也去思考和提问。

我坚信，在员工身上投资是最划算的事。我想培养和奖励人才。当我与 NetJets 公司合作时，我会跟公司各个团队见面。我会告诉他们："千万不要觉得你们所学到的技能只适用于这里的工作。这些技能还能让你们成为更称职的父母，帮助你们经营好家庭。你们还可以在社交场合使用这些技能。我想教你们成为最好的自己。"

我也想为与我一起共事的人做同样的事情。每当我不得不辞退某个员工时，他们通常会来找我，为自己在公司里学到的所有技能而感谢我，比如：他们学会了如何展示自己，以便在任何情况下都能应付自如，他们还学会如何出差、如何做笔记、如何写一封恰当的感谢函以及如何为人处世。

我知道，员工都不喜欢年度绩效评审。他们既不喜欢评价别人的业绩，也不喜欢别人评价自己的业绩。说实话，无论哪家公司，年度绩效评审报告的基本组成部分和写作技巧都是一样的。我认为，我们公司年度评审的与众不同之处在于，我将业绩评审视为帮助员工成长的工具。员工可以对我们的团队提出建设性的批评意见，我们会认真听取员工的反馈。

同样，当我们发现某些员工在个别领域表现不佳时，也会详细向他们说明他们身上存在哪些弱点，以及他们可以如何改善。同时，我们也表扬员工的优异表现，具体地指出他们哪些方面做得好。

在我们公司的年度绩效评审会上，无论大家说什么，员工都不会感到惊讶，因为我们的团队在过去一年中不断收获反馈和指导。如果一名员工对自己的评审结果感到惊讶，那他和上司之间的沟通必定出现了问题，或者他们的上司没有尽到应尽的职责。

团队共同构建目标，成为使命的主人

为了确保员工为客户提供最优质、最一致的服务，你要让团队中的每一个人都融入企业文化当中。当你的团队成员参与了制定公司的使命宣言和长、短期目标，他们就会在实现使命和目标的过程中投入自己的情感。我在第 6 章中阐述了如何做到这点，这对于强化你的企业文化很重要。

如果我只是把公司的使命宣言和指导原则写在纸上，递给我的团队，并对他们说："这是我们做事的依据。"这是我给他们的命令，是我告知他们必须做什么事情。

另一种情况是，你只扮演引路者，让团队亲自撰写使命宣言并勾画出这些原则，那他们就是这些使命和原则的主人，公司的文化就成为他们的内在指引。使命宣言和指导原则构成了一幅蓝图，告诉团队中的每个成员该如何工作。它们是企业文化的基石。

正因为如此，我不喜欢把"训练"我的团队挂在嘴上。训练是战术性的，而我是在培养他们。如今，当你与年轻员工共事时，这种区别尤为重要。他们喜欢提问题，不惧怕挑战规章制度；他们的口头禅是"为什么不呢"。也许他们没有经过社会的历练，但天资聪颖。如果说年轻人拥有出色的"硬件"，那我们只需把"软件"安装好，他们就能加速成长。

当员工与客户直接打交道时，你要教他们如何解读客户的肢体语言，并教给他们一些技能和工具，他们就能处理的得心应手了。还记得我在第 3 章中分享我去水疗中心的经历吗？那些员工出于善意，频繁打断我的体验，问我对服务满不满意。他们只接受了训练，而没有学会如何解读顾客的情绪和回应顾客的需求。尽管当时我没有离开那家酒店，但在某些情况下，这种服务可能会让你的企业付出代价。

每当有员工离开公司，去寻求一个责任更大、薪水更高的职位时，我们会祝福他们好运和取得成功。你总会失去一些人才，这是不可避免的事情。即使这样，你仍有机会把你的企业文化传播出去。

我们公司一名年轻的女员工得到了另一家公司给的工作机会，随后的两周时间里，她一直没告诉我们她想留下来还是离开。当她最终决定后，她只把选择结果告诉了我们的首席运营官，因为她不好意思当面跟我说。第二天，她就离开了公司。

在职场上，这种做法非常不好。没有任何交接就甩手离开是职场大忌。果然，一个月后，她打电话给我，说自己选择错了，想回来上班。我听到这消息一点也不感到惊讶。

我告诉她，她犯了两个错误。第一个错误是离开我们公司；第二个错误更严重，那就是她离开公司的方式不对。我这么说不是出于刻薄或报复心理，但我不会再让她回来了，因为我无法确定她将来是否会故伎重演。这就好比你与恋人分手，然后又复合，当对方表现良好时，双方也许有一段宽容期。但据我观察，绝大多数时候，分手后复合的恋人会重犯老毛病，最终导致再次分手。

有好几次，我的员工离开公司后又回来了，但在35年时间里，只有几个人能真正留下来，鉴于他们离开的理由很正当，方式也很得体，我可以为他们破例。

把回馈社会融入你的企业基因和使命当中，你也可以改变世界！无论是资助当地学校建设校园，还是在全球各地推广"买一送一"项目，都是回馈社会的方式。你可以鼓励员工发起慈善活动，或者支持他们做志愿者为慈善捐款服务。我坚定地认为，我们都应该为慈善事业做贡献，无论你捐赠的是时间、商品、服务还是金钱。

我相信，我们的付出会得到 10 倍的回报。我们要关爱那些物质生活不如我们的人，这是我们道德规范的一部分。

我有自己的慈善事业，比如运营拉莱拉和乌班图之路这样的慈善机构，为儿童提供服务，促进教育和美育的发展。这两家机构的总部设在南非，我一直关注它们的发展。我借助公司的一些资源来为它们提供支持，比如给这两家慈善机构寄送我们公司的圣诞礼物。我也鼓励个人做慈善和捐赠。如果有员工来找我，说他们想去施救所做义工或者帮社区中心粉刷墙壁，我会很乐意批准他们请假。

要给员工提供合适的工具。我之前曾提到，我们公司有一本工作宝典，里面包含各种规章制度、流程图、脚本和规定，涵盖了从问候客户到如何举办一场新活动等内容。这些内容都是工作宝典的重要组成部分，员工不仅可以从中获取最新信息，还可以迅速更新自己的知识库。

每当我们团队聘用一名新成员时，他们会收到一份欢迎他们加入科林·考伊时尚生活公司的入职文件，这份文件列出了我们的愿景、使命宣言、指导原则和价值观。

新员工同时会收到一本员工手册，从仪容仪表规范到公司福利和度假政策等内容一应俱全。我会带他们了解公司安排会议和维护办公环境的流程。我们的会议和规章制度手册包罗万象，甚至有我们如何为顾客上咖啡、端茶，或者提供工作午餐时摆放餐具的图片。

这看起来也许过于细致，但服务是我们的品牌和企业文化的一部分，唯有注重细节，才能确保服务的一致性。我们制定了这些标准并将其整理成册，让办公室里的任何人都可以随时承接并正确地完成任务。即使你的企业只有 5 个人，如果你能给新员工提供一份入职文件和一本工作流程手册，并表明你对他们的期望，这对于他们了解并融入你的企业文化至关重要。

当我们举办活动时，这种对细节的关注和一致性是我们业务不可分割的一部分。这些规章和查验清单有助于保护我们所创造的东西。标准和一致性意味着可预测性和可靠性。

你的目标是制定一套连贯的、可重复使用的规章，以处理不同的状况，并让员工在必要时发挥他们的主观能动性。

举个例子：我们为每一位潜在客户制定了一份流程图，包括活动的步骤、活动结束后的场地清理流程以及相关评价。首先是如何应对客户咨询。接下来，你要设法通过电话收集客户信息，如果可能的话，还要进行面对面的会谈。清单上的下一项工作是借助收集到的信息来制作我们的演示文稿，并确保会谈结束后我们能跟进后续事项。

我们还有针对其他业务的流程图。每场活动或演出都有极为详细的流程图或清单，每一名参与其中的员工都可以在云盘中获取这些图表。我们要把事情安排妥当，确保没有任何漏洞。

流程图和清单可以让所有人随时保持一致，
朝着"成功"这个共同的目标努力。

‹‹‹

大家都有过与客服代表交谈或在线聊天的经历。很明显，电话或网络另一端的人只是在念脚本。脚本能够反映出一家公司的企业文化。与其他自动回复方式一样，如果相同的情况反复出现，脚本的作用的确很大。

在许多简单的情况下，比如客户想退货或者账单上出现很容易纠正的错误，一份脚本足以确保与客户进行有效和愉快的沟通。你可以将不同的场景设置到脚本当中，让你的员工在回复客户时只给客户提供有限的选择，但这些选择仍然可以与之建立起情感联系。

我在第4章中说过，一位顾客的宠物去世后，他打电话给Chewy公司，要求退回剩余的狗粮，Chewy公司的客服代表给顾客送来了鲜花和吊唁信。另一位顾客的宠物去世时，客服代表安排人给顾客送去一幅宠物的画像。这两种回应顾客的方式反映出 Chewy 公司企业文化中所包含的关怀和同情心，他们允许客服团队自由发挥，根据具体情况做出真诚的回应。

通过这些令客户意想不到和充满同情心的回应，Chewy 公司与顾客建立了一种紧密的情感联系。当那两位顾客把新宠物带回家时，他们会再次光顾 Chewy，购买宠物所需的用品。

然而，如果你遇到了一个更复杂的问题，而客服代表无法回答你的问题，或者没有权限解决你的问题时，你很可能会愤怒或沮丧地放下电话。我一直认为按脚本回复客户的方式不可取，因为它会让客服人员的思维变得僵化。

我更喜欢通过角色扮演的方式来磨炼客服团队的接待技能。我们会从最基本的环节开始：他们问候我"早上好"，然后我做出反应，让他们把观察到的结果告诉我。比如，我当时是气愤，还是愉快？是大方，还是比较害羞？针对不同的情况，他们要做出不同的反应。

角色扮演需要技能和常识，这样的练习，有助于你的团队为应对不同情形做好准备。我还发现，角色扮演在团队建设中作用很大。让我们再次以 NetJets 公司为例。飞行员登上飞机，左转进入驾驶舱。进入驾驶舱后，他们就不会再关心客舱里发生的事情，因为他们不具备客服思维。他们不关心客服团队及其所做的工作。

为此，我让他们玩"人生中的一天"这个角色扮演游戏，目的就是让管理层更好地了解每个人的工作，即使是一份他们认为并不重要的工作。同时，他们还要学会尊重他人的工作。

我让飞行员扮演空乘人员，空乘人员扮演飞行员。飞行员曾以为空乘人员的工作就是给顾客端咖啡，但突然之间，他们发现自己就连做安全演示和讲解流程也很费劲。

他们不知道，如果餐食没有及时送上飞机，他们该怎么办？是临时凑合着找些吃的，还是利用有限的时间跑去商店购买食物？飞行员原本无须考虑飞机迫降水面时如何让乘客安全离开飞机，而现在，他们确实需要考虑这个问题了。

角色扮演结束后，飞行员对于空乘人员必须掌握的知识，以及空乘工作真正要涉及的东西，有了更深入的了解。在一幢豪华公寓的售楼部里，我也组织员工做过同样的练习，让门卫和楼盘的销售主管互换角色。

每一个参与这些练习的人都感觉很挣扎。重点就在这，我喜欢"挣扎"这个词。只有当你挣扎的时候，经验教训才会刻骨铭心。你不可能为团队制定了"3X5S"流程之后，就对他们说"照着去做吧"。团队成员需要互相观察彼此运用"3X5S"流程的效果，并评价彼此的表现。

如果在未来的两个月或更短的时间里，他们不能互相督促共同演练这些流程，这些内容很快就会被忘记，你不可能给某个人一份脚本，然后就指望着他自己消化脚本的内容，而是必须让他们不断演练，度过挣扎期，不断地重复，才能让脚本的内容在员工脑海中生根发芽。

我认为，脚本是员工与客户互动的模板，团队的每一名成员都可以发挥自身的判断力，判断特定情况下应该如何灵活运用模板。对于 NetJets 公司的飞行员，我们就是这样做的，而这种定制模板可以用来与任何客户或顾客打交道。

我们不仅告诉飞行员如何与客户交流，还教他们如何解读客户的肢体语言，这样他们就可以从中做出判断。例如：他们可以从客户的肢体语言中判断对方是想交谈还是不想被打扰。

以我的个人经历为例：有一年旅游旺季到来之前，蒙托克一家昂贵的海滨度假酒店和水疗中心给我提供了 3 天免费入住的机会。从网站上看，这家酒店的主楼很吸引人，可当我在周五下午登记入住时，服务员把我带到一幢远离主楼的附属建筑里，那里的房间很小，还有一股霉味。房间虽然是新装修的，但装修风格已经过时了，而且只能看到外面的部分景色。

当我打开那台老式空调时，它的噪声大得像是飞机正在起飞。浴室里没有能放剃须刀、牙刷和牙膏的架子。我打电话给前台，询问是否可以帮我换一间离主楼更近的房间，如果可以的话，我还希望能看到海景。前台接待员告诉我，他们要先查一下，看看能为我做些什么，然后就没有下文了。直到周日的傍晚，他们才给我发送了一条短信，问我是否想换到另一个房间去。

什么是黄金服务？黄金服务就是酒店应该周六就打电话告诉我情况，即便眼下没有房间，也要让我知道我的要求能否得到满足。同时，酒店还可以做出一些大方的举动，比如承诺我下次入住时免费升级房间，赠送水疗，甚至在餐厅吃晚饭时可以赠送一杯饮料或一份甜点，以吸引我以后再次入住。

为了让你的团队对自己的判断力充满自信，你不能威胁他们又要自己做判断，又要准备接受犯错的惩罚。

在圣特罗佩举行的一场晚宴上，我坐在我的朋友、黑石集团的传奇首席执行官苏世民旁边。

我问他："如果我可以从你身上学到一样经验，那会是什么？"

他说："放权，让员工去做 80% 的决定。太多企业主、经理和董事往往不舍得放权，事必躬亲，以至于事情无法顺利进行。我常对我的团队说，有时候你们只要尽力而为就够了。"

我有一位女员工曾经花了 3 小时去找一款只要 1 美元的盥洗包。这原本是一件 5 分钟内就能做出决定的事，她却浪费这么多时间，而不是去完成一件更重要、时间更紧迫的项目。做事要有大局观，设定优先事项，不要浪费时间去追求完美。

"那如果员工犯错了，该怎么办？"我又问道。

他说："如果你知人善任，通常情况下，他们只要犯过一次错误，很快就能学会不再重蹈覆辙。"

在我们公司，互相学习，借鉴彼此的经验、不能躺在功劳簿上停滞不前、犯错就要接受批评，这样你才能吸取教训等，都是我们企业文化的一部分。

我做过一次 SWOT（strengths，weaknesses，opportunities，threats）分析，问自己以下几个问题："我们成功的秘诀是什么？我们的弱点在哪里？我们面临什么样的机遇？又面临什么样的威胁？"

这样做的目的是让每一名团队成员都为自己的行为负责，并形成这样一种心态：我上次把事情搞砸了，所以这次我会做得更好。员工把事情搞砸了，就要进行反思："这次我做错了，但我已经找到正确的方法了，下次可以把事情做好。"

为此，在活动开始前，你可能要再召开一次活动筹备会议，反复检查所有事项，或者在活动开始前与相关责任人交谈，确保他们已经完成了所有事项。这样就不会再犯同样错误。随着你的团队不断成长和学习，你要提醒他们，这种批判性思维还可以运用在他们工作的其他方面。

当然，错误是难免的，失败也是难免的。下一章，我将探讨我们为何在成功之前要经历失败。

■ 黄金笔记

◎ 聘请合适的员工，他们可以助你取得成功。

◎ 正如与客户的情感联系一样，你与团队的情感联系也很重要。

◎ 当你的团队参与制定公司目标时，他们就会始终如一地实施这些目标。

◎ 企业文化是企业发展的推动力。

■ 思考一下

◎ 我是否给予团队合适的工具，从而帮助他们和我的公司取得成功？

◎ 我在员工身上做了哪些投入？

◎ 我是否花时间去培养我的团队？或者我只是在训练他们？

THE gold STANDARD

第 9 章

THE gold STANDARD

Failure Is a Necessity

庆祝失败，输得起的人才能成功

美国歌手碧昂丝曾说过："现实情况是，有时候你会失败。即使你再优秀、再出名、再聪明，也同样会失败。失败是难免的，到了该失败的时候，它就会如约而至，你必须学会接受失败。"她说得没错。

　　失败既是难免的，也是必然的。在生意场上和生活中，很少有事情是按计划进行的。你不能每次都责怪自己。如果你还想继续，就必须懂得如何在黑暗中找到光明。每当我们遭受大大小小的打击，都有机会从中吸取经验，培养自己的适应能力。

　　迈克尔·乔丹说过："失败只不过是成功路上的一个障碍。不管我们失败了多少次，只要鼓起勇气振作起来，就可以再来一次。"我们不妨问问自己：我们如何才能东山再起？如何才能变得更强大？当事情按我们预想的发展时，我们为什么还要问这些问题？

　　失败是成功的重要组成部分。我们在做事情时脑海中都会有一套流程，但当事情没有按照你的预想进行时，流程就会发挥它的魔力。

回顾整件事发展的过程，你会发现流程并没有错，错的是我们自以为是的心态，即总希望事情按我们所希望的方式运转。如果你能正确面对失败，就要学会审视每一次失败，将其视为……呃，不能说是困境中的一线希望，而是你此前不曾拥有过的一些东西，比如一次教训、一个新想法或一种机遇。

失败的原因有三种：

1. 你把事情搞砸了，或者你的团队把事情搞砸了。

2. 你尝试了一些新事物，结果出问题了。

3. 发生了某件离奇古怪的事情，然后事情乱成一团。

无论失败的原因是什么，如果你肯花时间分析发生过的事情，就能够重新开始，或者从失败中挺过来，在某些情况下，你还能转而寻找到新的前进道路。

通常情况下，我们之所以会失败，是因为我们有先入为主的观念，这就意味着我们没有真正做好功课，把一切交给了运气。你并没有为成功做好准备。正如罗纳德·里根所说的那样，"要信任，但也要查证"。我编制了查验清单和规章制度，这样，我和我的团队就可以避免犯错。

当我们开会讨论某个项目时，如果某个事项没有从清单中划掉，就代表着这件事没有做完，比如没有给客户打电话跟进事情的进展，或者没有给客户发感谢函，又或者没有联系上创意合作伙伴。

这时候，我们就知道接下来必须做什么，以及由谁去做。这就是我们为每一场活动编制详细清单的原因。我发现，把要做的事情一件一件写下来，有助于强化记忆。这种做法背后是有科学依据的：当你花 7 秒时间专注于某件事时，你就不会忘记它。

要把一场活动办得精彩非凡，有成千上万个细节需要关注，没有任何一个人能在脑海中记住如此多的细节。意外情况总是难免的。如果花店店主路上堵车，该怎么办？如果新娘不小心扯烂了裙子，又该怎么办？我们有 B 计划吗？你有吗？

无论你提供什么产品或服务，都有无数的环节可能会出错。有个客户来找我，想要办一场完美的活动，我告诉他：你找错了人，我无法做到完美，只能做到竭尽全力。

人难免会犯错，没人能永远火力全开。查验清单和规章制度可以让你避免犯大多数错误，但无法规避所有错误。

在公司里，我和我的团队必须未雨绸缪，为突发状况做好准备，比如：糟糕的天气、无法按时送达的设备、IT 故障、差旅问题和客户那边出现的问题等。我向客户承诺，如果出现问题，我会在他们的宾客觉察到之前把问题解决掉。

在一场活动开始前几天，我们的客户来巡视正在搭建的婚礼帐篷，他注意到篷顶上用作装饰的布幔不见了。我的策划人向他保证说，我们只是做了一些调整。她没有告诉客户，消防检查员要求我们拆除了布幔，尽管此前我们已经取得了消防局的正式批复。我们在 48 小时内购买了新布料，并对它做了防火处理，然后重新把它们悬挂了起来。客户对此一无所知。

所以，编制详细的查验清单十分重要。通常情况下，你首先要在纸上、数码设备或脑海中不断重温这些清单，同时，你的身边还需要有一个了不起的团队，团队的成员积极主动，他们可以按下"重启"键，确保你能及时纠错回到正轨。

纠正错误的过程通常是很痛苦的。在这种情况下，你犯了一个错误，而你要纠正它。主动权在你手里，你要想出一个解决方案，重新获得客户对你的信任和信心。

如果客户知道你言出必行，无论承诺什么都能做到，那么，你纠正错误的过程就要容易得多，因为他们知道你会竭尽所能把事情做好。否则就会有人财两空的危险。我有一位策划人，她想成为销售明星，于是她没有遵守公司的规章制度，试图通过提高一场活动的利润，达成目标。

没想到，她的客户是一位非常聪明和有见识的商人，他核对账单，询问每一笔费用支出。对此，她非但没有道歉、承担这个问题的责任并当场纠正错误，反而把责任推到了供应商身上。

客户打电话给我，对我说："很遗憾，科林，我个人很欣赏你，但我不能和你的公司做生意。"这不是我犯下的错误，但责任在我。

我们失去了那场活动的举办权，我伤心欲绝，但我能理解客户的做法。我们辜负了他的信任。

这件事让我想起了最近一直在追看的一档关于维京人的节目。维京人重视声誉、信守诺言，这给我留下了深刻印象。一位维京伯爵与韦塞克斯国王结盟时，国王承诺要划出一块土地，让维京人在那里定居。国王死后，他的儿子遵守父亲的诺言，赠予了维京人土地。

那时候，人们必须遵守诺言，如果背信弃义的话，就会失去盟友的信任，本质上就是被宣判了死刑。如今，为了达成交易，人们几乎敢做任何承诺。违背诺言也许不会让我们死无葬身之地，但肯定会毁掉我们的声誉，扼杀我们的企业。

我常说，如果你要做一个决定，一定要以尽可能多的事实作为决策依据，并使用数据和逻辑得出结论。无论你做过多少调研，多么仔细地推敲过自己的决定，你都不可能百分之百正确。

也许你做了失败的投资，但投资之前，你是否应该对这家公司做更彻底的调研？

也许你给美工部门买错了打印机，但在你做出决定之前，是否和团队谈过他们的需求？

你买了一些廉价指甲油送给顾客，导致半数的顾客都产生了过敏反应，虽然节省了一些钱，却毁了你的声誉，这样做值得吗？

还记得新可口可乐，也就是的"可口可乐二代"吗？1985年春，可口可乐公司的高管们决定用新配方取代原来的配方。他们有数据来支持这个决定，只不过低估了可乐爱好者对老产品的依恋，而且这种依恋是非常强烈的。人们开始囤积原版的罐装和瓶装可口可乐。

到了 6 月，可口可乐公司每天都会接到 8 000 多个来自可口可乐爱好者的投诉电话，他们对公司改换配方的做法感到非常不满。那年夏天，可口可乐公司高管召开新闻发布会，向消费者道歉，并宣布原配方的可口可乐将回归市场。此举让可口可乐公司夺回了失去的市场份额。

实际上，它的市场地位反而变得更加牢固了。至于新可口可乐？它于 2002 年退出市场，后来在 2019 年又以限量发行的形式重新回归市场。

为意想不到的情况做准备

有时候，失败既没有缘由也不可预测。我们都遇到过一些困难，这些困难超出了我们的控制范围或者是由别人犯错造成的，比如，证婚人没有准时到达婚礼现场；婚礼现场的烟感器坏了；活动举办地点在一个偏远的地方，突然停电了，而备用发电机无法启动。

当这些意外状况发生时，我们必须承担全部责任，因为它们是在我们眼皮底下发生的。至于是谁犯的错，这并不重要，但归根结底，我们要有解决问题的能力。我见过一个表情包，上面写着："你知道自己 5 年内会在哪里吗？没人能回答这个问题。你同意吗？"

据估计，在新冠肺炎疫情期间，纽约市 40% 的小公司面临倒闭，60% ~ 80% 的非连锁餐厅可能无法重新开业。航空公司减少了航班的班次，其中一些公司减少了近 80% 的航班。在美国，维珍航空公司根据《破产法》第 15 章向法院申请破产保护。全世界 50% 的航空公司将不再重新营业。

实体零售业、传统的奢侈品和顶级礼品行业都被迫做出与过去截然不同的举动。疫情暴发后 9 个月内，我们 98% 的活动被推迟了举办时间，有些活动甚至被推迟到了一年以后。未来，如果你还想继续做生意，就必须找到一种新的业务发展模式，以获取收入。

人可以从失败中重新振作起来，有时候，这些失败会为以后取得更大的成功铺平道路。

几年前，我想要开始制作一档以科林·考伊时尚生活公司为主题的新电视节目，还想要去世界各地进行演讲，之前策划的几个活动也可以启动了。

然而，受新冠肺炎疫情影响，我所熟悉的生活节奏完全被打乱了，我只能眼睁睁地看着生意机会和潜在收入随风而逝。我的所有预定的活动都不得不推迟，我的大部分收入也是如此。

"我该怎么办？"我可以坐在家里等电话或不断问自己："我如何才能扭转败局？"虽然我和我的公司一直以举办壮观的活动而闻名，但我的部分业务是为酒店和其他接待服务场所提供咨询服务。

为客户创造非凡体验，是我的强项，我本人经常担任一些公司的创意总监。我一直谋划着在科林·考伊时尚生活公司创立一个从事接待服务业务的部门，以期获得更持续的收入来源。这意味着我们可以减少对活动策划业务的依赖，毕竟该行业已经饱和，不仅从业者众多，而且价格战很激烈。

由于活动策划业务具有不稳定和不可预测等特点，所以我和我的团队从来没有时间和机会坐下来打造新公司的形象及其产品，并确定我们的核心受众。我有新公司的愿景，但我们没有时间去探讨其使命宣言和指导原则。新冠肺炎疫情暴发后，科林·考伊时尚生活公司的业务也陷入了停滞，但我得到了自己所需要的东西——时间！现在，我终于有机会把我的梦想变成现实了。

接下来，我和团队成员花了 60 天去做这件事，兴盛接待服务公司就是那时候诞生的。诚然，就在我人生最黑暗的时刻，困难帮我点燃了最亮的一盏灯。

经验是最好的老师。对我个人而言，2007 年是精彩绝伦的一年：我出版了第二本书；拿下了中国香港数百万美元的酒店项目；在世界各地举办数百万美元的派对；在家庭电视购物网上成功推出一系列产品；我决定成立一家互联网婚礼公司，我因此成为这个行业的颠覆者。一切如此顺利，哪有可能出错呢？

按我科林·考伊的作风，无论什么事情，我要么不做，要做就做得轰轰烈烈。在很短的时间内，我的公司就募集到了 1 000 万美元，并引进 IT 人才来创建网站、开发内容。我还花重金聘请人才。在做这些事情的同时，我正在盖一幢后来估价达 750 万美元的房子。

2008 年，金融风暴袭来。受影响的不仅是我，还有整个世界。那时候，我刚刚为迪拜棕榈岛上的亚特兰蒂斯酒店举办了一场全球最盛大的开业庆典。2009 年 1 月 1 日，美国《新闻周刊》用这场活动的照片作为封面，并冠以这样一个标题："派对结束了吗？"

让我们谈谈金融风暴带来的警示。

那天，我做的第一件事就是确认我交进银行的最后一张客户支票入账了。1 月 3 日，也就是我生日当天，银行告诉我，我的房屋贷款申请被拒绝了，如果我还想继续盖新房子，就得自己掏腰包。最终，我还是得到了房屋抵押贷款，但每个月的还款额是我预期的 3 倍多。

凡是有可能出问题的环节，结果都出了问题。正如你能想象到的那样，一切都轰然倒塌。工作全部被迫叫停，互联网业务持续亏损。正在筹划的大型派对或活动都被取消了，与 NetJets 公司的交易也被取消，与此同时"奢华"变成了贬义词。我的酒店咨询业务止步不前，因为突然间全世界都开始缺钱了。

我以为 6 个月后一切都会恢复正常，我们完全有能力度过这段艰难时期。然而，我想错了。事实上，很多企业当时都经历着同样的内忧外患，这并没让我感受到多少心理平衡。我不知道我和我的公司将如何跨过这道难关。

显然，我要做好两件事：首先，我必须控制好自己；其次，我必须管理好我的财务。尽管裁员是件很令人痛苦和困难的事情，我的员工都很勤恳、敬业，但我还是不得不把原本有 60 名员工的队伍裁减到了只剩 16 人。

在公司会计的帮助下，我们尽可能地削减每一笔业务开支。我与国税局商定了我的纳税时间表，与银行协商延长我的还贷周期，并与那些愿意暂时让我拖欠款项的创意伙伴合作。我告诉每个人，要么我现在给你一张支票，然后宣布破产；要么我们共同商定一份付款计划。我的所有债权人都同意继续与我合作，我很幸运，也很感激他们。

这是一段非常、非常难熬的日子，但在逆境面前，我昂首挺胸，做了正确的事情。那一年，我结束了一段 20 年的恋情，感觉自己就像坠入了谷底。但每天打开公司的电梯门时，我都会面带微笑地走进办公室，向我的员工问好，对他们说："大家早上好！我们要让今天成为美好的一天。"有时候，我们确实做到了，我争取到了一些业务和活动。

最终，我还清了欠别人的每一分钱。这种感觉真好！

我常常在办公室的走廊和自家客厅里踱步，思考着下一步该怎么走。我怎么能既做好这件事，又不影响那件事？如果我这样做了，会有什么后果？我知道，我的心态必须积极一点，一定要坚持到明天。只有这样做，我才可以活到第二天，然后活到第三天。这是一种思维锻炼，在脑海中，我一步一步地向前走，并尝试着通过冥想保持平衡，有时候我也在想："这一关我可能过不去了。"

我很幸运，许多朋友给予我大力支持。他们信任我，给我提建议，为我鼓劲加油，我很感激他们。

2010 年，我得到了为拉斯维加斯大都会酒店举办开业典礼的机会，此次盛事的花费达到了 8 位数。开业典礼最精彩的部分就是一场由多位知名歌手同台演出的演唱会。《人物》杂志称其为"年度最佳演唱会"。

我们借此渡过了难关。在这个过程中，我收获了大量宝贵的经验，而以前的我从未想过自己需要这些经验。为此，我心怀感激。

我犯下的最严重的错误就是招聘了不合适的员工。对我来说，这是一个重大失误。巧舌如簧的顾问给我出了个馊主意，我居然照做了。责任在我，我负全责。但是，2008 年遭遇的事情使我成了更优秀的自己。现在的我非常自律。

总而言之，我学到了以下经验：

1. 每一块钱都要花在刀刃上。
2. 永远、永远不要在感情或经济方面做不自量力的事情。
3. 把工作外包给有能力的承包商，这可以为你节省时间和金钱，还能让自己少生气。
4. 花点时间来调查你的新员工和顾问。
5. 不要对自己不感兴趣的事情置若罔闻。

问题出在哪里？

无论你能否预见到事情会出错，客户总会在问题出现时抱怨不休。有些客户会以彬彬有礼和得体的方式投诉，有些客户明显很失望，还有些客户会用近乎侮辱的粗鲁语言抱怨。你没必要去压制他们的愤怒，因为即使是一个令人讨厌和牢骚满腹的客户，也能给你有用的反馈信息。你如何去倾听客户的意见？

我亲眼见过这几类人，并且在吃尽苦头以后，我才学会：在处理某些投诉时，不要仅仅因为自己讨厌客户本人或者不喜欢他们的表述方式和投诉的理由就对这些投诉置若罔闻。

即使客户让你也很生气，你能否退一步，分析一下他们所说的话？你要克制自己的情绪，设身处地为客户着想。有时候，为了站在客户的立场思考问题，你得摆脱自身立场的束缚，接受他们的逆耳忠言，尤其是在你认为是他们自己犯了错，或者问题是他们自己制造出来的时候。

你要关注事实，而不是把注意力放在自己的感受上。千万不要对客户有戒心。你不仅要关注客户投诉的方式，还要关注他们投诉的内容。他们的观点合理吗？你是否可以对错误加以研究，以便将来改进？

也许你还记得，在第 5 章中，我讲述了一个关于我们为一场婚礼订购了精美的请柬，但信封上的墨水被蹭掉的故事。当客户打电话给我反映这个问题时，新娘的心情不是很愉快，这是可以理解的。她花钱购买我们的服务，但我们的实际服务水平没有达到她的期望。然而，她大度地接受了我的道歉和我的解决方案。随后，我们制定了与请柬相关的规章制度。

我们吸取教训，走出了困境，并改进了我们的业务流程，从而避免问题再次发生。

但有时候，客户对纠错方案并不满意。有一回，我们又遇到了请柬问题。客户的请柬实在太厚了，厚度达到了1.9厘米，只能勉强塞进信封。于是我们把请柬裁剪小了一点，希望客户没有察觉到这样的改动，但客户还是发现了。他要求我们重印所有的请柬。

这一次，我说服了客户。我的职责是纠正错误，没必要凡事都对客户唯唯诺诺。

客户关系总有搞不好的时候。有些客户关系是"有毒"的，所以，我与部分客户终止了合作。有些客户虽然难缠，但我仍然会选择继续与之合作。用美国乡村歌手肯尼·罗杰斯的话说，这就像打牌一样，你得知道什么时候要牌、什么时候弃牌、什么时候离开牌桌。

对于客户关系，我的心得就是：永远不要担心没有新客户。我的团队是不能轻易更换的，因为长期以来，我对团队投入了资金和个人感情。

在我看来，如果客户折磨我的团队成员，或者让他们痛苦不堪，这样的客户不值得挽留。每个人都有衡量人际关系的方式。有人度之以利，有人度之以义。哪些人际关系值得你付出或承受压力？无论用什么方法来衡量，你都要相信自己得出的答案。

我们有一位住在加利福尼亚州海岸的长期客户，她有过艰难的人生经历，养成了把自己的愤怒发泄在别人身上的习惯。她找我设计一场派对，在我提交了我们的设计方案之后，我问她是否想和我碰个面，一起探讨该方案。她不想让我飞去洛杉矶，而是找来其他人跟进这件事。

一周后，她打电话给我，抱怨这个设计太差，然后给我一张长长的意见清单，对我们的方案指手画脚。我对她说：我们已经合作了 10 年，一起举办过许多成功和美妙的活动，我以前从未让她失望过，而这次她让其他人参与进来，把我们的提案弄得支离破碎，又不给我机会向她阐明这份方案的理念。

最终，我们还是合作成功了，我用最初的设计方案为她举办了一场非常绚丽的派对。未来一段时间，我很可能还会继续和她合作，但她已经发出了一个强烈的不信任信号，我会密切关注这点。如果这种关系以其他方式恶化，就表明她对我们的工作缺乏尊重，也许我会决定结束合作。这很正常，我不可能每次都赢得客户的欢心。

问"我能做什么"，别问"为什么是我"

"为什么是我？"事情出错时，这不是你该问的问题。它会让你陷入束手无策之中，无法以审慎和冷静的眼光研究当前形势。它还会让你浪费宝贵的时间，而时间一旦失去，就永远不再回来。摆脱过去，面对未来，你要继续前进。

你可以提出其他问题，这些问题能帮助你明白什么地方出了错，并为你提供从头再来所需的信息。不要忽视或完全压抑你的情感。当你生气或难过的时候，你应该去感受这些情绪，并回想所有出错或未按你预想进行的事情。此刻正是你为这些损失感到惋惜的时候，但惋惜过后，你要重新振作起来，把这些感觉抛在身后。

作为领导者，最忌过度忧思。你要消除心中疑虑，思考下一步该怎么做。这正是我在新冠肺炎疫情暴发之后所做的事情，随后我就创立了兴盛接待服务公司。

在科林·考伊时尚生活公司，我和我的团队在每一场活动结束后都会对活动复盘。当然，我们为自己取得成功鼓掌欢呼，但我更感兴趣的是哪些事情没有做好。对某个错误进行探讨之后，我问的第一个问题就是："原因到底是什么？"

错误会导致局面混乱。通常情况下，我们需要付出时间，运用洞察力，才能抽丝剥茧，弄清楚错误是如何发生的。

此外，我还想知道以下问题的答案：

◎ 我们能确定谁该对错误负责吗？

◎ 我们能从这个错误中吸取什么教训？

◎ 如何把此次错误总结出来的经验应用到我公司的其他
业务上？

◎ 我可以采取哪些主动措施来防止此类事情再次发生？

如果客户或顾客因你犯下的错误而受到影响，有时候，你只需承认错误就足以消除他们的怒气。但有时候，就算承认错误也无济于事，遇到这种情况的话，你就要采取行动，及时纠正错误。要做到这点，你得知道客户想要什么。不妨直接问他们："我该怎么做，才能恢复你对我的信任和信心？怎么样才能让你放心？我能做些什么，才能证明我们愿意再次把事情做好？"

掌握了这些信息之后，你就应该采取行动并重新振作起来。如果你愿意学习并积极总结经验，每次失败和每个错误都是向着成功多迈进了一步。

有时候，从失败中重新振作起来确实很困难。有一次，我和两家电视节目制作公司讨论如何做一档节目。我选择了其中一家公司，但随着谈判的深入，我开始对制片人失去信心。这时，第三家公司来找我，报出了我梦寐以求的价格。我刚从谈判中解脱出来，与第三家公司签约，便突遭厄运！

随着新型冠状病毒肆虐，一切节目制作活动都停止了，三笔有可能达成的生意付诸流水。我唯一能做的事情就是重新关注新的机会。这几笔失败的生意让我感到失望吗？当然失望了。

然而，新冠肺炎疫情也给了我一线希望，那就是关注新的业务，把我的时间投入新的事业中，并为科林·考伊时尚生活公司未来的发展制订计划。我们仍有可能制作一档新的电视节目，由于我在自身和业务发展方面投入了大量时间，所以这档节目会更好看。

失败也许要完全归咎于你，也许源自一些超出你控制范围的事情，又或者两者兼而有之，无论怎样，你都要接受自己的决定和错误，并最终接受你自己。你要牢记所有的经验教训，不管发生了什么事情，都不要过分苛责自己。

要学会原谅自己、原谅别人、原谅经济、原谅天气。是人就难免犯错。随着我年纪的增长，我的智慧也有所增长，我自责的时间越来越少。我会花更多时间来思考下次如何才能做得更好。这个过程就像锻炼肌肉，你必须分解动作，才能把肌肉练得更强壮。

如果你经商，就难免要冒险；如果你冒险，就难免会犯错。即便你不冒险，也仍然会犯错，那为何不去冒这个险呢？风险越大，回报越高，学习和成长的机会也更多。

■ 黄金笔记

◎ 为意想不到的情况做准备。失败是不可避免的，也是成功不可或缺的一环；如果你想继续经营企业，就必须磨炼自己，学会在黑暗中找到光明。

◎ 未经分析和调研就先入为主，那就意味着你把一切交给了运气。

◎ 当你或你的团队犯错时，这样的错误是最容易纠正的。

◎ "为什么是我？"事情出错时，这不是你该问的问题。正确的问题是："我能做些什么？怎样才能防止这种情况再次发生？"

■ 思考一下

◎ 为了防止错误，我推行了哪些流程和规章制度？

◎ 事情出错时，我是否准备好纠正错误？

◎ 我愿意为我的团队放弃一位难缠的客户吗？

第 **10** 章

THE gold STANDARD

You Win the Race by Looking Ahead!

与趋势同行，赢在当下与未来

这是现在的你：已经养成了晨练的习惯，也把与客户服务相关的规章制度锤炼到了炉火纯青的地步；你知道，你的团队已经接受了你的标准和实践做法，你相信他们训练有素，具备良好的职业素养，足以应付任何服务场景；获得客户的五星评价已成为你公司的家常便饭。你会满足于现有成就吗？不好意思，我不会，因为明天又将迎来新的挑战。

　　谈到客户服务，你不能坐等事情发生。你要不断地向前看，寻找机会，因为事物总在不断变化当中，没有什么是永恒不变的。改变并不意味着事情会变得越来越好，也不意味着事情会变得越来越糟。改变的结果因人而异，它取决于你想做什么和正在做什么。有些事情对你来说也许是好消息，但对别人反而意味着灾难。

　　时代在变化，我们客户的期望也在变化。有时，突发事件会推动变革的产生。这是颠扑不破的真理。我们不断地评估和重新审视我们的流程和商业模式，我们不断地寻找机会把事情做得更好。你也是这样做的吗？

如何在瞬息万变的时代韧性生长？

新冠疫情暴发后，世界各地很多的商业航空公司停止运营或申请破产。然而，美国西南航空公司从中发现了机遇，开始收购城际短途航线，而这些航线恰恰是大型航空公司正在放弃的。优步和来福车也开始转型，提供除了乘车以外的其他服务。

全美国共有 10 多万家餐厅倒闭，那些幸存下来或重新营业的餐厅不得不重新思考客户的需求。一些餐厅提供送餐到家服务，让客户舒适地在家中享用美食。有些餐厅开始推出素食，甚至改做素斋，还有些餐厅则专注于提供适合全家人的食物。

全美国共有超过 14.5 万家零售商店关门，其他商店转而采用一种全新的销售方式，在疫情防控期间，它们与一些成功的互联网销售公司签订合同，然后以它们过去从未考虑过的方式拓展业务。

任何困境都存在一线希望，它在考验着我们的韧性。也许大自然厌倦了过度自满的人类，故意用困境来考验我们。

既然如此，那就让我们面对现实吧。新冠肺炎疫情给这个世界按下了"强制退出"键，迫使我们重启并改变我们看待自己、看待生活、看待人际关系的方式，我们需要重新思考：自己在哪里、用什么方式做事，以及我们和谁一起做事情。它教会我们以一种新冠肺炎疫情发生之前无法想象的方式来做选择和决定。此刻，我们身处一个觉醒的世界，对身边一切的人和事物怀有了更深的感恩之情。

我们犹如经历了一场森林大火，火灾留下一片废墟，为新树木的成长腾出了空间。随着大量企业倒闭，它们留下的空间对后来者而言往往是一个新的机遇。

哈德逊湾公司是一家连锁百货公司，旗下既有奢华的高级百货公司，也有价格低廉的时尚购物店。其首席执行官理查德·贝克在一次接受采访时表示，人们已经逃离了传统办公场所，转为居家办公。

标普全球市场情报公司的一项调研显示，64% 的决策者称，他们正在做出永久性的改变，使他们的大部分员工能够远程居家办公。为了适应新局面，许多公司与出租方重新谈判，缩小办公室场地，在接受标普全球情报公司调研的公司中，有三分之一缩小了他们的办公空间。

像 WeWork 这样的共享办公室为远程工作提供灵活、舒适但不奢华的工作空间。这个新兴市场给我们提供了打造新产品的机遇，比如，有些首席执行官或首席运营官习惯在办公室工作，他们不想一直居家办公，而是把办公室搬到酒店的行政套房。我们能否满足他们的需求，为其提供一个灵活的办公空间呢？

我在纽约的一位朋友去南街海港区创业。新冠肺炎疫情暴发后，他们在自己曾经举办过演唱会的 17 号码头打造了"草坪餐厅"。餐厅由很多块 16 平方米左右的正方形独立草坪组成，每块草坪上配备了海滨度假村风格的小躺椅、遮阳伞、嵌入式冰箱，还有 USB 充电口。

餐厅的每块草坪最多可容纳 8 位顾客，由名厨让·乔治·冯格里希滕现场提供食品和饮料。草坪每隔 90 分钟收取一次预订费，预订费被捐赠给包厘街救济所。该救济所是一家慈善机构，专门为有需要的纽约人提供食物。

活在当下的同时，我们也要展望未来。所有危机都会过去。我们做生意的方式也许会改变，但只有消费者才能决定他们想要的是什么。我们如今面临的问题就是：在全新的世界秩序中，我们如何奋力前行？

精神病学家伊丽莎白·库伯勒 - 罗斯告诉我们，悲伤有五个阶段：否认、愤怒、讨价还价、沮丧和接受。不同的人按照自己的节奏经历这五个阶段。然而，我认为接受以后，必须还有一个阶段，即回归正常生活和继续前行。让我们来试想一下吧！

人们重新回到自己的办公室，但不再是以前那种朝九晚五、五天工作制的生活。尽管面对面仍然是最佳交流途径，但 Zoom 和其他群组会议应用程序已经取代了部分线下会议和课程。许多公司不希望自己的团队太过分散，然而这已经成为常态。灵活办公的含义不再仅仅是在家办公，而是在任何地方都可以办公。

我们开始在网上购买除了贴身穿的运动裤以外的其他衣物。服装和鞋子的购物活动已经转移到网上了，虽然实体店永远不会消失，但它们不得不做出改变。零售商意识到，他们不再需要超过 1.5 万平方米的店铺空间。一间面积不大、库存少、员工少、开销少的概念店就可以满足需求。每种尺码的衣服只要有一两件，顾客可以看到、触摸和试穿，然后在网上下单，直接寄送到家。

虽然商业场地暂时不再那么拥挤了，但竞争依旧激烈。在新冠肺炎疫情暴发前，为了举办演讲和研讨会，我在世界各地旅行。然而，疫情暴发后，让我应接不暇的却是 Zoom 的视频电话和网络研讨会。

在疫情得到有效控制后，人们渴望再次出门旅行。有些人选择在离家近的地方旅游，开始研究谷歌的公路旅行地图。露营和徒步旅行成为成千上万户外旅行新手的家庭度假方式。

和航空公司一样，受新冠肺炎疫情影响的酒店和其他接待服务或短期度假场所在取消订房费用方面也变得更加灵活了。他们会及时退还已经收取客户的订房费用。

主动求变，不断进化，机会无处不在

在疫情防控期间，我每周都会举办几次演讲活动，探讨活动策划行业和接待服务业的现状。

每次都有人问我："我们的业务什么时候才能恢复如初？""这个行业还能东山再起吗？"现实情况就是，过去的不会再回来。相反，我们要不断进化，继续前行。人往高处走，水往低处流。我们要关注未来，因为我们可以从过去吸取经验，但我们无法改变它。

总有一些颠覆者迫使我们做出改变。它可能是一个新的竞争对手，也可能是一次全球性的事件。二手车电商 Carvana 就是一家颠覆性的企业。新冠肺炎疫情是一次颠覆性的事件，可能给我们的生活和工作带来思维方式上的巨大转变。与健康和防疫相关的规章制度更加细致并且备受关注，我认为这方面不会发生变化。

还有哪些东西是不会变的呢？那就是真正客户服务的黄金标准要素：**极具个性、注重细节、优雅高效、团队合作、有效沟通、坚持标准和始终一致。**

我和我的团队不再局限于活动策划，而是开始更多地专注于长期接待服务项目中的工作，希望借此机会开发出持续性更强的收入来源。即便如此，我们并没有终止我们的活动策划业务。未来一两年，聚会活动将得以恢复，人们已经开始预订活动策划服务，我们的团队已为此做好了准备。

成立不久的兴盛接待服务公司承接了几个度假酒店咨询项目，这对我们来说是全新的局面。我们花时间定义和完善了我们的服务目录。把所有资源汇总起来之后，发现我们可以为客户提供一整套服务，如果客户不选择我们，就必须找其他三家或四家公司才能获得同样的服务。

新冠防疫措施必不可少，我们面临的挑战就是如何以一种吸引人的方式做好防疫工作，这正是度假胜地或场所需要的。我们的目标仍然是让顾客享受他们的欢乐时光，同时相信自身安全能得到保障，在每个环节都获得贴心的照顾。

疫情防控期间，顾客登记入住时，我们会提供可水洗的亚麻手套，有多种尺寸和颜色可供顾客选择。我们为工作人员和服务员设计了中性颜色或与佩戴者的肤色一致的口罩，还会用古灵精怪的假胡子或烈焰红唇等图案来给口罩做装饰。如果度假酒店举办活动，我们还会为顾客提供口罩，女士戴的是银色或金色口罩，黑色或海军蓝则用来搭配男士的燕尾服。

举办活动时，在签到处我们还为顾客提供三种颜色可供选择的手镯，这三种颜色表明了顾客对社交接触的舒适度。一种颜色表示"很高兴见到你，但请与我保持社交距离"；另一种颜色表示"我能接受 2 米以内的社交距离，但我们不能接触，而且我希望你戴上口罩"；第三种颜色则表示"来个拥抱吧，但要注意安全"！

机会总是无处不在的。积极主动的客户服务意味着你不仅要关心客户，还要在乎客户的感受，让他们有安全感。什么是安全感？

在我写这本书的时候，很多场所要求人们进入时必须使用洗手液并测体温。随着新冠病毒抗原快速检测试剂盒投入使用，疫苗接种变得越来越广泛，顾客进入活动现场之前需先出示疫苗接种证，或在活动现场门口进行快速检测，这些都会成为标准操作流程。

疫情暴发以后，我感觉高端服务终将回归市场。我们过去所熟悉的自助餐已经风光不再，但这为独特的、极具格调的个人美食驿站铺平了道路。美食驿站里配备有服务员，他们站在有机玻璃屏幕后面，屏幕显示与活动主题相匹配的菜肴名称，并列明食材成分，这样，对食物过敏或敏感的顾客就能够马上知道他们想吃的美食是否安全。

我不知道你是否思考过这些问题：我们该怎样以安全的方式互相问候？是鞠躬还是双手合十致意？我们现在是点头还是手按心脏问候对方？我们道别时应该说"保重"还是"再见"？

这些问候方式可能因你的文化背景而有所不同，我没有这些问题的答案，但是，我和我的团队正在思考这些问题，因为它们关系到我们的业务；此外，我们还要思考如何才能让问候方式既有新鲜感又有安全性。

今天，你的客户可能很满意，但明天呢？下个月呢？明年呢？客户的想法和需求以及你的竞争对手都在不断地发展和变化当中。你也要主动求变，否则就会落后。商业环境变化得如此之快，我们需要不断地磨砺自我，强化个人竞争力。我发现，当你做出一个改变时，往往会带来多米诺骨牌效应，引发其他变化。

我们不仅要思考能为客户提供些什么，也要思考如何更好地服务于客户。我们一直在寻找机会，希望以更低的成本、更高效的手段为我们的客户提供更优质的服务。

我们不断地从市场上收集客户需求信息，不断地从客户那里获取反馈并做出改进。虽然当下暂时无法改进，但我们目光要放长远。

我们想知道，我们的新客户是谁，以及他们的需求到底是什么。对我们来说，客户忠诚度意味着一切。我们想办法保持与客户的交流，巩固我们与客户之间的情感联系。

这意味着我们要非常、非常的细致。我发现，在大多数情况下，人们觉得自己知道客户想要什么，但实际上他们并不了解客户的需求。有一次，我入住一家酒店，酒店经理告诉我，办理登记入住只需要 5 分钟时间。于是我们开始计，结果花了 15 分钟。他们知道酒店顾客的年龄段在 30 岁到 55 岁之间，但其实年龄并不是他们与客户建立情感联系所需的有用信息。

在我们的帮助下，他们发现酒店的绝大多数顾客都是拥有可支配收入的女性，她们希望抛开工作和繁重的家务，得到短暂休息，并抽空锻炼和放松一下。我们与该酒店合作，帮助他们推出了直接面向"新"市场的度假套餐。

此前，这家酒店主要通过旅行社或礼宾部预订房间，他们认为这是理所当然的事情。我们向他们演示了潜在消费者是如何在网上研究酒店房型并直接通过酒店网站预订房间的。

现在，他们怎样才能更直接地接触到这些潜在客户呢？主要是通过脸书[①]和照片墙。Snapchat 的目标用户是 13 岁到 29 岁的孩子，他们不是酒店的客户群体。抖音也拥有比较年轻的用户群，这也是

[①] 脸书（Facebook），现已更名为元宇宙（Meta）。——编者注

一款专供年轻人娱乐消遣的应用软件。

如果游泳运动员比赛时左顾右盼关注竞争对手，他就会输掉比赛。唯有往前看，你才能保持领先。胜者专注于自己的表现和前方的目标，而不是其他人在做什么。

你要相信自己，专注于你的愿景和使命，唯有如此，你才能赢得竞争。不过，如果环境发生了变化，你也可以重新规划前进的路线。我一直认为，我们要学会随机应变，而随机应变的关键在于你要放下自我，让消费者告诉你他们想要些什么。归根结底，你的想法或者你想卖什么产品并不重要，如果消费者想要你的产品和服务，他们会让你知道的。

如果说我一直在犯一个错误，那就是我在想："哦，也许我们应该做这个项目；也许我们应该做那个项目。"我非常幸运，收到了很多、很多诱人的项目邀约，这让我的自尊心得到了满足，但坏处是：它们导致我注意力分散，这是非常危险的。

我发现，自制力是抵制诱惑的关键，它能够让你看清什么东西对你有用，什么对你没用。

有些项目可以提升和拓宽你的品牌知名度，而有些项目只会消耗时间、精力和资源，并最终稀释你的品牌，我对此做了明确的区分。例如，有一次我和家庭电视购物网达成了协议，要为美国顶级瓷器品牌蓝纳克斯设计瓷器产品线。这是对科林·考伊时尚生活品牌的成功延伸。

其他一些公司则邀请我和他们一起开发产品线、担任代言人、在中东地区建造文化中心，这些事情虽然能满足我的虚荣心，但会消耗我的时间和精力，使我无暇顾及公司的核心业务、前进方向以及我的目标。我的目标就是成为奢华接待服务和娱乐行业的顶尖企业。

如今，我觉得自己变得更专注、更有辨别力了。虽然仍有很多诱人的机会摆在我面前，但现在的我更有可能拒绝，而不是来者不拒。为此，我会问自己："这个机会是否会让我们更接近目标？它能让我们实现目标吗？还是给我们带来更多收入？"

这就像盖一所房子。你手里有蓝图和预算，在建造过程中，你在网上看到了一些设计方案，觉得如果建个大厨房或者在后院弄个游泳池，可能是不错的选择。从某种程度上讲，决定权在你手里，你可以选择你中意的元素、造房的预算和房子的转售价。

一位建筑师告诉我，实际上，一些人只需要 80 ~ 90 平方米的生活空间，包括卧室、浴室和厨房等，除此以外，其他空间都是多余的，就像蛋糕上的糖霜。但是，谁会喜欢不加糖霜的蛋糕呢？至少我不喜欢！

举个例子：如果我们受一家度假酒店的邀请，为其设计一些迎宾的元素，然后，酒店要求我们代为管理物业，我们可能会接受这两项提议。

然而，我们必须扪心自问：若在我们公司的产品组合中增加酒店管理，是否会分散我们的精力，导致我们无法做最擅长的事情？

同时，我们还要问：这样做是否与我们的核心竞争力相匹配？作为酒店运营方，我们要承担管理酒店员工的职责，我们的公司就要招聘更多员工，并且需要更多资源。从理论上讲，我们可以做这件事，但这需要付出多大代价？

一般而言，我们要付出时间成本，在短期内掌握大量新知识，还要花费一大笔钱，而这笔费用往往要大于所得利润。如果这个项目是一次性的，它值得我们投入这么多时间和精力吗？如果要把酒店管理添加到我们的服务组合当中，我们能否将其规模化，并在未来实现盈利呢？"时间就是金钱"可不仅仅是说说而已。

我们还研究了 80/20 法则，即公司 20% 的业务贡献了 80% 的利润。这个项目是否会成为那 20% 的业务？如果答案是肯定的，我们可能会考虑接受它，不过在此之前，我们要做细致的分析和谨慎的评估。

我们会慎重地决定一个项目是否值得承接。如果我们认为它是一个可行的选择，我们能否将这些技能以循序渐进的方式添加到我们的服务组合当中？咨询服务是否会带来一些运营业务，而随着时间的推移，运营业务规模会逐渐扩大，甚至超过咨询业务本身？

最近，活动策划行业的一些从业者开始专注于做虚拟派对和虚拟筹款活动。我对那块业务不甚了解，也不想参与进去。对别人来说，虚拟活动可能是一种有效并赚钱的附加项目，但对我来说，它会让我分散注意力。

　　这些年来，我的演讲收入很高。新冠肺炎疫情期间，有人邀请我参加网络研讨会，或者担任代言人，但几乎没有什么报酬。"我们现在付不起钱，"对方告诉我，"但我们可以增加你的曝光度。"我的名气和声誉是我从事这份职业的本钱。如果投入了时间却没有回报，那我为什么要做呢？然而，如果听我演讲的观众来自接待服务行业，或者他们是我想与之建立联系的人呢？那我就会接受邀请。

　　在关注过去的同时，我也要放眼未来。我不想成为一个自满的人，因为这会降低我们为客户提供服务的水准。

　　如果说前路既有巅峰也有低谷，那我会努力让下一个低谷比上一个低谷更高些。也许我不会每次都能成功，但成功就是我的目标，我相信这也是你的目标。

客户服务的卓越典范

我曾体验过世界上最令人赞叹的客户服务：入住过豪华酒店；去过五星级度假胜地和具有异国情调的狩猎营地；在奢侈品零售店接受过顶级服务。但回望过去，最令我难忘的客户服务案例来自我的管家——格特鲁德。

25 年前，我刚搬进纽约市上东区的一间大公寓，急需找一位高效的管家，有人向我推荐了格特鲁德·克莱斯茨切夫斯基。她是一位单亲母亲，独自抚养了五个优秀的孩子。

我们一见如故，一周后，她开始为我工作，同我一起开启了一段非凡的人生旅程。从接受了这份工作的那天开始，格特鲁德就把自己的生活完全奉献给了我，她为我创造了温馨、安全和舒适的生活环境，成为我生命中一个重要的组成部分。当我结婚时，格特鲁德和我的两个妹妹穿着特别定制的纳伊·姆汗（Naeem Khan）品牌礼服，陪着我一起步入婚礼的宴会厅。

我喜欢格特鲁德，我尊重她、欣赏她，这不仅是因为她为我所做的一切，也因为她做事严谨、认真的态度。2020 年秋天，我要搬去迈阿密生活了，令人遗憾的是，虽然她仍能工作，但也确实该退休了。时至今日，我依然很想念她。

格特鲁德是主动服务的典范。她永远都在努力要把事情做得更好，而且对细节特别关注，堪称恪守职业道德的楷模。

她每天都早早来到我家，无论忙到下午 6 点、晚饭过后还是后半夜，不把家里打扫得干净整洁就绝不离开。不管我是独自一人，还是家里有 4 个人或者 24 个人吃饭，厨房和餐厅永远都保持一尘不染。她还会给我铺好床，把床罩掀起一个角，便于我就寝。格特鲁德快 75 岁了，在我家做了 25 年管家。在我印象中，她只请过 10 天病假！

格特鲁德掌管着我家全部的日常开支。她经常从花卉市场买来鲜花，做成精美的插花，摆放在屋里；冬天，家里的冰箱和冰柜里总会有她自制的汤和炖菜，作为我的夜宵和临时晚餐；她把我从各地收集来的每一件银器都保养得闪闪发亮，随时可供使用；家里的每一块桌布都浆洗过，而且叠得方方正正。

我常常把招待顾客的地点选在家里，而不是餐馆。我曾经从中国香港机场打电话给格特鲁德，和她讨论当天晚上 8 点钟晚餐的菜单。下午 3 点，当我回到家时，餐具已经摆好，餐桌上点缀着美丽的鲜花；葡萄酒正好是口感最佳的温度；晚餐食物放在冰箱里，随时等待加热。即使当天晚上没有需要招待的顾客，格特鲁德也会做好烤鸡等我回来。

她会把每件事都做得无可挑剔，而且超出我的预期。格特鲁德不仅烹饪水平一流，生活品位高雅，而且天生对时尚有着独特见解，她能给身边任何事物都增添一丝优雅的气息。

格特鲁德总是精神饱满地来上班，她的工作热情永远和第一天来上班时一样。除了日常家务之外，她每天都会给自己安排一项额外的任务。比如今天要擦拭银器，第二天要收纳冬衣，或者给室内所有的植物换盆。我喜欢兰花，格特鲁德知道如何以最低的价钱买到最好的花。她从乔氏超市连锁店购买没有盆的兰花植株，带回家自己栽种。

一年下来，仅这一项就为我节省了不少钱。我经常在家中看到精致的大花盆里种着十多株兰花。如果去花店买这样一盆兰花，通常需要花费数百美元。格特鲁德自己栽种兰花成本要低得多，不仅看上去同样美丽，而且能存活很长时间。

格特鲁德的生日和我的只差 3 天，但我们的年纪相差好几十岁。她和我一样注重秩序，康泰纳零售连锁店的储物盒是她的法宝，让她能把一切物品收拾得井井有条。

我家里的储物盒似乎比曼哈顿第六大道商店里的储物盒还要多，

格特鲁德给每个储物盒都精心贴上标签，写明储存的物品。

没有格特鲁德帮我打理新家，我再次意识到她是一个多么了不起的女人，她让我认识到什么才是客户服务的最高标准。我每天都很想念她，她是我永远的朋友。

显然，格特鲁德是客户服务的卓越典范！感谢她 25 年始终如一的非凡服务，这是本书写作灵感的来源。

致 谢

很久以前我就想写这本书了。非常感激我的文学代理人玛格丽特·麦克布莱德，她是我 11 本著作的代理人，对于这个项目，她和我一样感到兴奋和充满热情。同时，我还要感谢她的同事费伊·艾奇逊。

写书要耗费大量的时间和精力。我非常感谢西德尼·迈纳，从本书的第一个单词到最后一章，和她共事充满了乐趣。谢谢你的洞察力、热情和给予我的指导。

感谢我的商业伙伴，斯蒂芬·巴罗尼，感谢你为本书做出的贡献，本书手稿得以成型，要归功于我们之间的辩论和讨论。

感谢哈珀柯林斯出版社领导力分社的优秀编辑萨拉·肯德里克，谢谢你对这个项目的信任，并给予我专业的指导和支持。还要感谢哈珀柯林斯出版社领导力分社的高级营销经理西西里·阿克斯顿和前发行人杰夫·詹姆斯，谢谢你们的付出。

如果不借此机会感谢天天与我一起共事的团队成员，那我简直太不负责任了。他们才华横溢，忠于职守；和我一样，他们也有着为客户提供黄金服务的热情。感谢你们所有人！

GRAND CHINA

中 资 海 派 图 书

《拥抱你的客户》（全新修订版）

[美] 杰克·米切尔　著

张若涵　曹烨　译

定价：89.80 元

如何以超预期体验，
创造高访客、高转化、高复购的惊人业绩

杰克·米切尔说："销售额的增加与客户的满意度和忠诚度成正比。"保持利润的唯一方法是拥有客户。增加利润的唯一方法是通过提供卓越的服务来吸引更多客户来访。杰克在《拥抱你的客户》中，分享了让米切尔服装连锁店在当今充满挑战的零售市场中茁壮成长并脱颖而出的实践理念。

以拥抱为核心意味着：与客户建立情感链接，使销售更有人情味；倾听客户的心声，为客户提供精准的定制化服务；你卖给客户想要的东西，而非你想卖给客户的东西；超越客户的期望，培养出狂热的粉丝客户；为客户提供温暖的线上拥抱，把握新零售盈利关键。

《拥抱你的客户》问世 20 年来，已成为加印不断的里程碑式畅销书。它不仅为众多客户服务人员提供指引，还成为各大商学院开设客户服务课程的经典案例，更有大批企业口口相传竞相团购，将其作为企业的内训教材。

READING YOUR LIFE

人与知识的美好链接

20 年来，中资海派陪伴数百万读者在阅读中收获更好的事业、更多的财富、更美满的生活和更和谐的人际关系，拓展读者的视界，见证读者的成长和进步。

现在，我们可以通过电子书（微信读书、掌阅、今日头条、得到、当当云阅读、Kindle 等平台），有声书（喜马拉雅等平台），视频解读和线上线下读书会等更多方式，满足不同场景的读者体验。

关注微信公众号"**海派阅读**"，随时了解更多更全的图书及活动资讯，获取更多优惠惊喜。你还可以将阅读需求和建议告诉我们，认识更多志同道合的书友。让派酱陪伴读者们一起成长。

✿ 微信搜一搜　🔍 海派阅读

了解更多图书资讯，请扫描封底下方二维码，加入"中资海派读书会"。

也可以通过以下方式与我们取得联系：

📖 采购热线：18926056206 / 18926056062　　📞 服务热线：0755-25970306

📧 投稿请至：szmiss@126.com　　🅑 新浪微博：中资海派图书

更 多 精 彩 请 访 问 中 资 海 派 官 网　　[www.hpbook.com.cn 〉]